Paolo Flores d'Arcais

Libertärer Existentialismus

Zur Aktualität der Theorie von Hannah Arendt

Aus dem Italienischen
von Ulrich Hausmann

Verlag Neue Kritik

Der vorliegende Text erschien unter dem Titel »L'Esistenzialismo libertario di Hannah Arendt« in dem Essayband »Esistenza e Libertà« von Paolo Flores d'Arcais.

Die Deutsche Bibliothek - CIP-Einheitsaufnahme

Flores d'Arcais, Paolo:

Libertärer Existenzialismus : zur Aktualität der Theorie von Hannah Arendt / Paolo Flores d'Arcais. Aus dem Ital. von Ulrich Hausmann. - Frankfurt am Main : Verl. Neue Kritik, 1993

Einheitssacht.: L'esistenzialismo libertario di Hannah Arendt <dt.>

ISBN 3-8015-0253-8

Umschlag Helmut Schade Frankfurt

Druck Strauss Offsetdruck Hirschberg

Vorbemerkung für die deutschen Leser

Die Linke in Europa hat Hannah Arendt nie wirklich gemocht. Erst vor wenigen Jahren erwachte so etwas wie ein neues Interesse an ihrer theoretischen Arbeit. Es trug jedoch viele Züge einer Modeerscheinung und erschöpfte sich somit auch recht bald wieder. Der europäischen Linken war das Denken Hannah Arendts immer äußerlich und fremd geblieben. Das gilt heute genauso gut wie gestern, auch wenn die Gründe dafür durchaus entgegengesetzter Natur sein können.

Hannah Arendts Verständnis von Politik geht einer kommunistischen und sozialdemokratischen Linken ebenso gegen den Strich wie jener Linken, die nach 1968 entstand. Und gegen den Strom mußte sie auch in den ersten Jahrzehnten der Nachkriegszeit schwimmen, als ihrem Denken bürgerlicher Elitismus vorgeworfen wurde, eben weil sie mit aller Entschiedenheit die politischen Kategorien über die ökonomischen Mechanismen und die sozialen Konflikte stellte. Und dasselbe geschieht heute, da die ins Schlingern geratene Linke alte Orthodoxien durch neue Mythen (seien es nun ökologische oder pazifistische) ersetzt oder sich in zynischem Mißverständnis einem leeren Pragmatismus in die Arme wirft.

Gemessen daran ist das Denken Hannah Arendts unzeitgemäß. Wenn es wirklich die Aufgabe des Philosophen wäre, so wie Hegel sagt, seine Zeit auf den Begriff zu bringen (was letztlich sich darauf reduziert, sie im Denken zu rechtfertigen), dann versteht man, warum Hannah Arendt zeitlebens die Bezeichnung »Philosoph« zurückgewiesen hat. Mit ihrer Epoche Frieden zu schließen, das war nie ihre Sache. Eher schon lag ihr daran, die Widersprüche bis zum Ende zu durchdenken, aber in einem ganz anderen Sinne als bei Hegel, bei Marx oder auch bei ihrem ersten Lehrer Heidegger. Deshalb kommt sie auch zu ganz anderen Schlußfolgerungen.

Die Untersuchung von Gegensätzlichkeiten bringt Hannah Arendt niemals zur Herausarbeitung irgendwelcher Zwangsläufigkeiten, oder schlimmer noch: irgendeines vorgezeichneten Weges für die Geschicke der Menschen. Ganz im Gegenteil: Sie erhellt Möglichkeiten und Chancen; sie umreißt Verantwortung für die Herstellung von Freiheit, die jeden betrifft. Zumindest in der Moderne besteht immer die Chance, gegen den Zeitgeist anzugehen.

Sie weist den Gedanken der Vorhersehbarkeit in der Geschichtsphilosophie zurück. Aber genauso radikal lehnt sie auch das Phantasma einer »Wissenschaft von der Politik« ab, das heute unter den verunsicherten europäischen Linken so viele Anhänger hat. Sie ist gegen die Marxismen *und* gegen die Scholastik der »Sozialwissenschaften«, macht aber keinerlei Konzessionen an einen spirituellen Fatalismus (»nur Gott kann uns retten«). Ein so kohärent kritisches Denken, das an das konkrete Individuum gebunden bleibt, an seine Möglichkeiten und an seine Verantwortung, an seine unauslöschliche Bestimmung als Bürger und an jene Mechanismen des Sozialen und der Macht, die gerade diese Bürgerschaft untergraben und überschatten, ein solches Denken konnte auf Seiten der Linken tatsächlich nur randständig bleiben. Denn die Linke wünscht sich nichts sehnlicher als Gewißheiten, Macht und staatlichen Einfluß, all jene Surrogate des Heiligen eben, was das genaue Gegenteil der untereinander geteilten Macht ist, auf die die Passion für das Relative zielt (oder besser: der sie sich anzunähern sucht).

Für Hannah Arendt gilt, was auch Albert Camus, dem Philosophen und Journalisten des zivilen Engagements, widerfahren ist: Den eisernen Widerstand gegen den Totalitarismus stempelten die Kommunisten als bürgerlich ab; und die Bürgerlichen und mehr noch die Sozialdemokraten diffamierten seine Kritik am Bestehenden und seine Utopie eines zivilen, staatsbürgerlichen Ideals, also einer Demokratie, die sich selber ernst nimmt, als fanatisch. Beide Seiten fanden sein libertäres Ethos intolerabel.

Bleiben noch die Paradoxien von '68. Auf den ersten Blick hätte man annehmen sollen, daß diese radikal-libertäre Bewegung aus Hannah Arendt eine ihrer theoretischen Leitfiguren macht. Es existierten auch kurzfristig ein paar Anzeichen hierfür, aber das waren und blieben persönliche Randerscheinungen (die Bewunderung von Cohn-Bendit für Hannah Arendt und ein kurzer Brief von ihr zur Unterstützung seiner Aktionen). Im großen und ganzen jedoch blieb die 68er Revolte dem libertären Existentialismus Hannah Arendts gegenüber genauso abweisend wie gegenüber der Philosophie Camus'. Sie entschied sich eher schon für den hegelianisierenden Marxismus der Frankfurter Schule bzw. für Sartres existentialistischen Maoismus. Sie identifizierte sich mit Ho Chi Minh und verachtete den Prager Frühling als eher mittelmäßig. Sie begriff nicht, daß der repressive Konformismus des Westens zwar ein Feind

der Freiheit war, daß aber die Nomenklatura der von ihr verehrten Freiheitsbewegungen gerade die vollkommenste Form der Ausschaltung der Freiheit darstellte, ihre Negation par excellence. Und, wenn man so will, die ins *Maßlose* übersteigerte Verwirklichung des repressiven Konformismus.
Die Revolte von '68 blieb in der Freund-Feind-Logik des Marxismus-Leninismus gefangen. Das bleibt ihr autoritärer, reaktionärer und illiberaler – also auch »rechter« – Makel. Sie war *gegen* etwas, aber nicht *für* etwas. Und wie immer in solchen Fällen kommt die Logik des »Dagegen-Seins« mit extremer Kurzsichtigkeit daher. Man sieht nur die Feinde, die sich ganz in der Nähe befinden. Und man belügt sich darüber, daß der Sieg über ein Übel ein noch größeres Übel hervorrufen kann.

Ganz anders Hannah Arendt: Nicht nur, daß sie die falsche Entgegensetzung Reform versus Revolution fallen läßt, sie hält auch unerbittlich an der Entscheidung für die mit anderen geteilte Macht fest. Geteilt ist sie in einem doppelten Sinne: Im Sinne der liberalen Garantien der *balance of power*, der Aufteilung der Macht auf verschiedene Institutionen, die sich wechselseitig kontrollieren und in ihrer Machtausübung beschränken; und im Sinne der Teilhabe eines jeden Einzelnen an den öffentlichen Entscheidungen. Ein jeder ist ganz konkret, die Person aus Fleisch und Blut (der Bürger A, der Bürger B bis hin zum Bürger X).

Das ist der zentrale Punkt, der Grund dafür, daß Hannah Arendt *unzeitgemäß* bleibt: In diesem Element ihres Denkens ist die Zukunft enthalten. Die tatsächliche Ausübung der Bürgerrechte steht im Widerspruch zum weitgefächerten Monopol der Politik, deren Praktizierung sich eine kleine Gruppe zum »Beruf« gemacht hat. Das gilt für die barbarische Herrschaft der kommunistischen Nomenklaturen, aber eben auch für die *weiche* Version, den Bürger zum Verschwinden zu bringen, nämlich durch die Nomenklaturen im Westen, eben das *Parteienmonopol*[1].

Zur Klarstellung: Die Kritik am Berufspolitikertum impliziert keine Verachtung, und sie unterschätzt auch nicht ihren unverzichtbaren Wert, soweit es um technische Kompetenzen, eben berufliche Qualifikationen geht. Ganz im Gegenteil. Es gilt, an dieser Stelle einige Mißverständnisse auszuräumen.

Von einigen seltenen Ausnahmen abgesehen ist der Berufspolitiker gerade nicht ein Berufstätiger im Sinne technischer Kompetenz, wie es für die Zivilgesellschaft charakteristisch ist. Unter diesem Gesichtspunkt ist der Berufspolitiker nur allzu oft ein Mensch, der weder technisch noch professionell besonders qualifiziert ist. Und immer seltener wird auch der Typus des Staatsmannes. Meist handelt es sich um einen Menschen, der wie eine Maschine funktioniert und dessen grundlegende Aufgabe in der Konsensbeschaffung und -manipulation besteht. Immer weniger wird in dieser Tätigkeit Bezug genommen auf Programme, immer mehr bedient er sich des Tauschverhältnisses von Leistung und Gegenleistung.

Die Forderung nach einer *Deprofessionalisierung* der Politik darf also nicht mit der populistischen Forderung nach politischen Führern verwechselt werden, die sich in ihrer beruflichen Qualifikation, ihrer technischen Kompetenz auf gleicher Höhe befinden wie die »Basis«, also ebenso inkompetent sind.

Zunächst einmal finden sich an der sogenannten Basis bisweilen wirkliche Schätze an beruflicher Qualifikation. Zweitens gilt der Ruf nach politischen »Einer-von-uns«-Führern – der in den politischen Bewegungen laut wird, die aus der '68er

---

1 Im Italienischen bedeutet der Begriff *partitocrazia* etwa Parteienherrschaft (A.d.Ü.).

Bewegung entstanden sind, also der neuen Linken und den verschiedenen Formen des Ökopazifismus angehören – in Wirklichkeit oft Leuten ohne technische Kompetenzen, ohne jedes ausgeprägte berufliche Profil. Er stellt in Wahrheit eine populistische Variante jenes Berufspolitikertums dar, das man zu bekämpfen vorgibt.

Der politische Führer nach Maßgabe der »Basis«, der »Einer-von-uns«-Delegierte, ist in Wirklichkeit jemand ohne aufreibende berufliche Verpflichtungen in der Zivilgesellschaft (eben weil er über nur wenig Kompetenz verfügt), und er widmet einen großen Teil seiner Zeit der »Politik«, d. h. Versammlungen, Versammlungen zur Vorbereitung von Versammlungen und Versammlungen, die zu Entscheidungen führen sollen. Unter diesem Blickwinkel ist er in der Tat ein Politiker wie die verachteten »bürgerlichen« Politiker – manchmal mit ein wenig mehr Demagogie und Schlamperei.

Die Alternative zum Verschwinden des Staatsbürgers, welche das weitgefächerte Monopol der Berufspolitiker mit sich bringt, ist daher nicht das basisorientierte Politikastertum – durch das die Politik eher zum Privileg jener wird, die keiner normalen Tätigkeit nachgehen –, sondern vielmehr die Öffnung der Politik für alle durch eine Beschränkung der Politik, die für alle gelten muß.

Denn nur eine Politik, die denen angemessen ist, die nur einen Teil ihrer *freien* Zeit der Politik widmen können – und das ist die übergroße Mehrheit –, stellt sicher, daß *alle* Staatsbürger sein *können*. Andernfalls wird die größere Zeitverfügung zum Ausgangspunkt einer diskriminierenden Unterscheidung zwischen Staatsbürger und Untertan. Wenn man eine staatsbürgerliche Politik will, dann ist es unabdingbar, auch die notwendigen Konsequenzen zu ziehen und gewissermaßen für eine Politik der *bricolage*[2] einzutreten. Vielen erscheint das utopisch – oder auch ausgesprochen schädlich. Gehen wir zunächst auf diesen Vorwurf ein.

Wieviel Zeit verwendet ein Politiker tatsächlich darauf, zu handeln – das heißt *Dinge* zu realisieren, ganz gleich ob es nun eine Regierungsentscheidung oder die Organisation einer Opposition ist, wichtig ist nur, daß es sich um Konzeption und Umsetzung von Programmen handelt? Und wieviel Zeit verwendet er andererseits auf die Konsensbeschaffung und auf jene politischen Machenschaften, die von einer übergroßen Mehrheit der Bevölkerung als Ursache für die Unfähigkeit der Regierung, für ihre Ineffektivität, Korruption und für die Verschlechterung der Qualität der Politik wie auch der Lebensqualität angesehen werden? Diese Tätigkeiten der Berufspolitiker sind durchaus »rational, gemessen an dem Ziel«, denn Konsens ist ein entscheidendes Element in einer Demokratie, aber in genau derselben Weise führen sie zur Degeneration des demokratischen Gefüges. Sie enthalten ganz im Innern einen Widerspruch. Gemessen am Ziel der Demokratie wäre es daher sehr viel rationaler, die heute gültigen Regeln des politischen Wettstreits zu ändern, indem man die strategischen Ressourcen (darunter auch die Zeit) begrenzt, die einem jeden Konkurrenten zur Verfügung stehen. Nur so könnte es auch Chancengleichheit geben – und keine Olympiaden, bei denen die Sieger von gestern (die Berufspolitiker) mit enormem Vorsprung auf die gegen sie antretenden Bürger ins Rennen gehen. Der

---

2 Flores verwendet den von Lévi-Strauss eingeführten Begriff »Bricolage« (Bastelei) (vgl. Claude Lévi-Strauss, *Das wilde Denken*, Frankfurt/Main 1986, S. 29-36). Dort heißt es u.a.: »Heutzutage ist der Bastler jener Mensch, der mit seinen Händen werkelt und dabei Mittel verwenaet, die im Vergleich zu denen des Fachmanns abwegig sind.« Lévi-Strauss hat diesen Begriff auf die Denkarbeit übertragen. Paolo Flores d'Arcais bezieht sich an mehreren Stellen des Buches auf diesen sich aus dem »wilden Denken« ergebenden Gegensatz: Gelehrter versus Bricoleur (Bastler) (A.d.Ü.).

eine Einwand ist also nicht nur unbegründet, er ist geradezu paradox.

Und wie steht es mit dem anderen, dem Vorwurf des Utopismus? Die Einführung solcher Regeln wäre in der Tat schwierig, nicht so sehr aus *technischen* Gründen, wohl aber, weil sie sich in der Gesellschaft mit jenen formidablen Interessen beißen würden, die charakteristisch sind für die politische Klasse und für viele korporativ strukturierte Gruppen, die lieber mit einer politischen *Klasse* verhandeln, als sich mit einem politischen Universum der vielen Staatsbürger, die sich die Macht teilen, herumzuschlagen. Und soweit es die Kompetenz anlangt, da würde sich der Staatsbürger ebenso wie es ja auch der Berufspolitiker tut, der Hilfe von Technikern und Funktionären bedienen. Aber er selbst könnte technische und intellektuelle Ressourcen beisteuern, die sich bei den Berufspolitikern nur selten finden.

Hannah Arendts Denken ist in Wirklichkeit deshalb so unzeitgemäß, weil es sich rigoros gegen jeden Populismus stellt, egal ob von rechts oder links, ob alt oder neu. Schon 1968, als sie die Protestbewegung unterstützte, bekämpfte Hannah Arendt all jene degenerativen Ansätze, die auf eine »Abtrennung« abzielten und auf der grundsätzlichen kulturellen »Andersartigkeit« bestanden. Sie interpretierte diese Strömungen (allen voran »Black is beautiful«) als einen Angriff auf den Geist der Freiheit. Die Hypostasierung *der* Differenz (rassische, lokale, sexuelle – worüber die heutigen Feministinnen großzügig hinwegsehen, wenn sie sich Hannah Arendt einverleiben wollen, die doch, und das ist sehr milde formuliert, zumindest keine große Sympathie für diese neuen Ideologien hegte) bezeichnet für Hannah Arendt in der Tat den Verlust des Individuums, der je konkreten und verschiedenen

Existenz. Sie bedeutet ihre Unterwerfung unter die Imperative des Gruppenkonformismus.

Gegen den Strom, was den Totalitarismus im Osten anlangt, und gegen den Strom, was den Konformismus im Westen anlangt, bleibt Hannah Arendt auch heute noch unzeitgemäß, wo die verschiedenen Kommunismen definitiv sich verabschiedet haben und die europäische Linke sich auf der Suche nach neuen Wegen zu verlieren scheint. Das wäre jedoch eine tragische *Zerstreuung*. Das Ende der Kommunismen und die Reduktion der ganzen industrialisierten Welt auf den Westen machen den Gegensätzen und Konflikten keineswegs ein Ende; sie löschen auch die Gegensätze zwischen rechts und links nicht aus. Aber sie zwingen diese in ihre wirklichen Bahnen: Die Scheidelinie, die das *Linkssein* markiert, ist heute die Treue zu den libertären Werten und die Kohärenz von Meinen und Handeln. Wenn Hannah Arendt unzeitgemäß bleibt, dann wird die Linke unzeitgemäß sein.

Paolo Flores d'Arcais, Rom 1991

Libertärer Existentialismus

»Es stimmt genau, und die historische Erfahrung bestätigt das, daß das Mögliche niemals erreicht würde, versuchte man nicht immer wieder das Unmögliche in der Welt.«
Max Weber

1.
Die Politik ist die Sphäre der *wirklichen Existenz*, der exklusive und privilegierte Ort, an dem der Mensch sich als Mensch realisieren kann. Die Privatsphäre dagegen bedeutet *Enteignung* von Authentizität, Wiederholungszwang und Routine. Dies ist die philosophische Grundüberzeugung von Hannah Arendt, und sie bildet den zeitlosen Wesenszug par excellence ihrer gesamten Philosophie. Indem sie die Politik als unabdingbare *Notwendigkeit* der wirklichen Existenz denkt, als seine wesentliche und unverzichtbare Modalität, entscheidet sich Hannah Arendt für das Dasein als Teilhabe an der Macht, als *Macht mit anderen zusammen*, und für die Politik als fundamentales Menschenrecht. Dem Totalitarismus, also dem *radikal Bösen*, an dem die traditionellen politischen Kategorien zerbrechen, kann man daher nicht ein Übermaß an Politik vorwerfen, sondern die fortschreitende Ausschaltung des Politischen. Für die vorherr-

schenden Geistesströmungen stellt das eine Provokation dar – eine gelungene und heute mehr denn je notwendige Provokation. Man sollte sie nicht übergehen.

Vertiefen wir das Argument ein wenig. Nur in der Sphäre des Politischen verwirklicht der Mensch seine »Natur«, d.h. er entzieht sich der *Natur* und setzt sich in Gegensatz zu ihr. Nur *politisch* lebt er wirklich von Grund auf jenen Zug seiner Existenz, der ihn innerhalb der natürlichen Welt als Menschen auszeichnet und ihn unterscheidet von Spore und Einhorn. Wird er der Politik beraubt, dann wird der Mensch auch all dessen beraubt, was nur zu ihm gehört und was ihn auszeichnet: der *Differenz*. Damit meint sie die Differenz von Mensch zu Mensch, von Individuum zu Individuum, von Existenz zu Existenz. »Nicht der Mensch bewohnt diesen Planeten, sondern Menschen. Die Mehrzahl ist das Gesetz der Erde.«[1]

Warum aber sollten die Intimität des Lebens in der Familie mit ihren Affekten und die Tatsache, nicht in der Gesellschaft[2] mit ihren Geschäften zu stehen, einen Rahmen bilden, der von der In-Differenz beherrscht wird? Dem Anschein nach verhält es sich genau umgekehrt. Gefühle und Leidenschaften wie auch berufliches Geschick *machen* das Individuum aus, unterscheiden den einen vom anderen Menschen und bringen nicht nur Differenz, sondern auch Konflikte hervor. Das Paradox

---

1 Hannah Arendt, *Vom Leben des Geistes Bd.1: Das Denken*, München 1979, S. 29

2 Im Italienischen wird das deutsche Wort »Gesellschaft«, wenn es im engeren Sinne gemeint ist, meist mit »società civile« wiedergegeben. Dem deutschen »Gesellschaft« im Sinne von Gesellschafts»formation« (also die »feudale Gesellschaft«, die »bürgerliche« etc. pp.) entspricht dagegen eher »società«. In Anbetracht 1) der klaren Entgegensetzung von Sphäre der Politik und Sphäre der Gesellschaft, von der Paolo Flores im Gefolge von Hannah Arendt ausgeht, und 2) der ebenso deutlichen Gegnerschaft zu der Rousseau-Marxschen Konzeption der Gesellschaft als Ort der Eigentlichkeit, schien es mir angebracht, bisweilen den Begriff »Zivilgesellschaft« zu verwenden. Denn nur so wird das Gegensatzpaar Politik versus Gesellschaft deutlich, und desweiteren auch, wo für den Autor der Ort der authentischen Existenz liegt: eben nicht in einer wie emanzipatorisch auch immer gefaßten Gesellschaft (A.d.Ü.).

läßt sich nur auflösen, wenn man den entscheidenden Punkten jener Existenzialanalyse nachgeht, die das gesamte Werk von Hannah Arendt zusammenhält.

Drei Modalitäten kennzeichnen die Beziehungen des Menschen zur Welt: Arbeiten, Herstellen und Handeln. Diese Einteilung findet eine exakte Entsprechung in sprachlicher Hinsicht: im Griechischen, wo wir über die Wörter *poneìn, poieìn, prâttein* verfügen; im Lateinischen mit den Verben *laborare, facere, agere*; im Englischen mit *labour, make, action*; im Französischen mit *travail, oeuvre, action.* Die philologische Rekonstruktion ist allerdings nur wenig mehr als ein zusätzlicher »Beweis«, denn die Evidenz dieser Unterscheidungen tendiert dazu, sich in der Sprachwirklichkeit zu verschleifen.[3] Die Unterscheidung bedarf einer kategorialen Untermauerung. Dabei geht es darum herauszuarbeiten, was an dieser Unterscheidung deskriptiv und was normativ ist, und wie sich die beiden Aspekte möglicherweise vermischen.

»Die Tätigkeit der Arbeit«, so heißt es zu Beginn von *Vita activa*, »entspricht dem biologischen Prozeß des menschlichen Körpers, der in seinem spontanen Wachstum, Stoffwechsel und Verfall sich von Naturdingen nährt, welche die Arbeit erzeugt und zubereitet, um sie als Lebensnotwendigkeiten dem lebendigen Organismus zuzuführen.«[4] Hier ist der Mensch einfach Natur, seine Funktionen sind die eines Tieres: ein *animal laborans.*

»Im Herstellen manifestiert sich das Widernatürliche eines von der Natur abhängigen Wesens [...] Das Herstellen produziert eine künstliche Welt von Dingen, die sich der Natur nicht

---

[3] Pier Paolo Portinaro, *Hannah Arendt e l'utopia della polis*, in: »Comunità«, November 1981, S. 42

[4] Hannah Arendt, *Vita activa oder: Vom tätigen Leben*, München 1981, S. 14

einfach zugesellen.«[5] Das individuelle Leben eines jeden vollzieht sich innerhalb dieser künstlichen, aber objektiven und stabilen Welt, denn diese Welt überlebt die Individuen und transzendiert alle. Der Mensch baut sich seine Welt als Aufenthaltsort. Sie überdauert das menschliche Wesen, denn sie ist langlebiger, und in diesem Sinn handelt es sich um eine ungebrochen *objektive* Welt, in ihr ist er *homo faber*.

Schließlich: »Das Handeln ist die einzige Tätigkeit der Vita activa, die sich ohne die Vermittlung von Materie, Material und Dingen zwischen den Menschen abspielt. Die Grundbedingung, die ihr entspricht, ist das Faktum der Pluralität, nämlich die Tatsache, daß nicht ein Mensch, sondern viele Menschen auf der Erde leben und die Welt bevölkern.«[6]

Als *animal laborans* ist der Mensch nichts weiter als die Summe von Bedürfnissen, animalischer Physis und Biologie, die ihr Recht verlangen. Er verbraucht, was er produziert, und er produziert ausschließlich im Blick auf den Konsum, sein Wachstum und die organische Reproduktion. Die Arbeit hinterläßt keine Spuren, sie schafft keine »Welt«, vergegenständlicht sich nicht in Objekten und begleitet den Einzelnen nicht als stabiler Aufenthaltsort von Dingen; genausowenig überdauert sie den Einzelnen als »Welt« der künftigen Generationen. Als vergängliches Element im Zyklus der organischen Reproduktion der Natur verbraucht sich die Arbeit im Konsum.

Das spezifische menschliche Umfeld, die *Bühne*, auf der die Existenz stattfindet, entsteht dank des Herstellens, also der Tätigkeit des Menschen als *homo faber*. Produktion und Konsum hören auf, die beiden Pole eines ununterbrochenen Zyklus zu sein. Das Tun vergegenständlicht sich in Objekten, die vor al-

---

5 Ebd.
6 Ebd.

lem Gebrauchsgegenstände und nur sehr vermittelt Gegenstände des Konsums sein werden. Der *homo faber* schafft die »Welt«, eine zweite, künstliche Natur, die langlebiger als das Individuum und in Relation zur biologischen Unmittelbarkeit seiner Bedürfnisse stabiler ist.

Aber erst im Handeln gelangt der Mensch zur Vollkommenheit und begegnet seinem spezifischen Seinsgrund. Auf Latein, so bemerkt Hannah Arendt, ist *inter homines essere* (»unter Menschen weilen«) gleichbedeutend mit Leben und umgekehrt *desinere inter homines esse* (»aufhören, unter Menschen zu weilen«) gleichbedeutend mit Sterben. Das Handeln wäre überflüssiger Luxus, wären die Menschen bis ins Unendliche vervielfältigbare Duplikate eines einzigen Modells, wären sie also *Gattung* und nicht vor allem *Individuen.* In diesem Fall gäbe es in der Tat kein Handeln, es wäre vielmehr schlicht die Entfaltung einer *natürlichen Gesetzmäßigkeit* des Instinkts. Handeln impliziert Pluralität und umgekehrt. Handeln impliziert *Individuen* und umgekehrt. Weil es nicht in die Notwendigkeit verstrickt ist, impliziert Handeln auch Innovation, Erfindung, Anfang. Es ist freier Wille und folglich Entscheidung und Erfindung im eigentlichen Sinne – und nicht instrumentelle Fähigkeit, die Mittel im Hinblick auf Zwecksetzungen abschätzt und auf die wir auch beim Herstellen stoßen.

Der Ansatz, der hier äußerst gerafft wiedergegeben wurde, überzeugt nicht in jedem Punkt. Zwei Widersprüche fallen auf. Zunächst wird das Arbeiten dem Herstellen entgegengesetzt, da bei ersterem das Arbeitsprodukt unmittelbar in den Konsum eingehe, während es sich bei letzterem als »Welt« vergegenständliche. Es scheint, als sei der Konsum, ganz gleich ob er unmittelbar oder vermittelt ist, das Unterscheidungsmerkmal. Aber das ist vollkommen untauglich zur Klassifikation unterschiedlicher menschlicher Gesellschaften, denn auch bei den primitivsten Völkern wie den Sammlern und Jägern gibt es eine Produktion von Werkzeugen und von einer Dingwelt, mithin einer »Welt«: Bogen, Schüssel und Hütte. Der Geröllstein, später Faustkeil, ist schon ein Werkzeug, das die unmittelbare Befriedigung der Bedürfnisse übersteigt. Er begleitet Hunderttausende von Jahren das Leben des Urmenschen, jener Gestalt aus der Vorzeit des Menschengeschlechts.[7] Faustkeil und Feuer sind bereits die künstliche und vergegenständlichte »Welt« des Menschen.

Daher gab es niemals einen *homo*, der ausschließlich *laborans* gewesen wäre. Auch das umgekehrte Kriterium, das der festen Dinghaftigkeit der produzierten Gegenstände, ist von zweifelhaftem Nutzen. Jeder Gebrauchsgegenstand ist zugleich auch Konsumgegenstand, auch wenn Zeiten und Gebräuche sich ändern, aber in einer Kontinuität, aus der sich schwerlich Rangordnungen ableiten ließen. Der Bogen des Guayaki-Indianers Jyvukugi[8] wie auch die Kathedrale, in der François de Montcorbier, besser bekannt als François Villon, niederkniet, sind beide gleichermaßen Gebrauchs- und Konsumgegenstände; und obendrein sogar noch Gegenstände eines symbolischen Konsums.

Es ist also offenkundig, daß Hannah Arendt eher eine *normative* Unterscheidung zwischen verschiedenen *Formen* des Handelns im Sinn hat[9], die allesamt Ausdruck des Menschen

---

7 André Leroi-Gourhan, *Hand und Wort. Die Evolution von Technik, Sprache und Kunst*, Frankfurt/Main 1980, S. 126ff.

8 Pierre Clastres, *Chronik der Guayaki. Die sich selbst Aché nennen: nomadische Jäger in Paraguay*, München 1985. Vgl. vor allem das 7. Kapitel, wo die Beziehung zwischen Werkzeug und sexueller Identität herausgearbeitet wird. Da der Mann = Bogen und die Frau = Korb zum Sammeln von Beeren und Früchten gilt, bilden sich für den Homosexuellen komplexe und untypische Beziehungen zu den beiden Werkzeugen heraus (die im übrigen auch eine Quelle der Angst sind).

9 Andrée Enegrén, *La pensée politique de Hannah Arendt*, Paris 1984, S. 36

sind und sich in jeder konkreten Handlung vermischen. Unter diesem Blickwinkel stoßen wir auf einen zweiten Widerspruch. Der Teufelskreis Arbeit – Konsum wird der modernen Industriegesellschaft als Charakterzug zugeschrieben. Hier reduziert sich die Tätigkeit des Arbeiters, die Arbeit am Band, auf die einfache Verausgabung physischer Energie – *abstrakte* Arbeit, wie die Marxsche Definition lautet. Und die Gesellschaft durchzieht ein geradezu trunkenes Konsumbedürfnis, denn das Produkt ist exakt dafür produziert worden, und nicht im Hinblick auf »Dauerhaftigkeit«.

Allerdings: Man lebt auch dann *mit* dem Auto und dem Fernseher, wenn man das Auto alle paar Jahre wechselt oder wenn man den Fernseher wegwirft, um einen neuen zu kaufen, wenn man also Güter verbraucht, die eigentlich viel dauerhafter wären. Gerade in der beständigen Erneuerung und Ersetzung beschreiben diese Produkte besser als alles andere die fixierte, unbewegliche Welt des zeitgenössischen Menschen, die »Bühne« seiner Existenz. Das Auto, der Fernseher und vielleicht auch schon der Computer sind sehr wohl Konsumgegenstände, die eilends weggeworfen und neu gekauft werden, aber sie sind für den Menschen von heute so etwas wie seine Heimstatt, sein *chez lui*. In Hannah Arendts Terminologie: seine »Welt«, die zweite, künstlich »hergestellte« Natur. Im übrigen hatte Hannah Arendt das Brot, »dessen ›Lebensdauer‹ in der Welt kaum mehr als einen Tag beträgt«, von einem Tisch unterschieden, »der manchmal Generationen von Benutzern überlebt«. Dabei entging ihr der Umstand, daß das Brot, auch wenn es nicht jeden Tag *derselbe identische* Teig aus Mehl und Wasser ist, in seiner konstanten Präsenz dennoch sehr viel eher als der Tisch die »Welt« des Menschen[10] in ihrer Spezifität bezeichnet.

---

10 Arendt, *Vita activa*, a.a.O., S. 86

Die Widersprüchlichkeiten hören hier nicht auf. Die Grenzen zwischen Handeln und Herstellen verwischen sich schließlich insoweit, als sie beide Charakteristika sind, die den Menschen vom Tier unterscheiden. Anders betrachtet ist der Mensch nur im Handeln frei von den Zwängen der Technik, also von der instrumentellen Zweck-Mittel-Relation, der er sich beim Herstellen zu unterwerfen hat. Hier also herrscht beim Herstellen zwischen den jeweils Einzelnen In-Differenz analog der Beziehungen in der Wissenschaft und im künstlerischen Sachverstand. Den Zwängen der Wissenschaft und der Technik kann man sich nicht entziehen, ihnen gegenüber gibt es keine Freiheit. Im Arendtschen Denken gibt es also keinerlei romantische Gegenbewegung gegen die Wissenschaft, obwohl einige Abschnitte zu einer genau entgegengesetzten Interpretation verführen könnten. Jeder Mensch ist in diesem Bereich ein Duplikat identischer Fähigkeiten. Nur im Handeln gibt es Raum für die Vielfalt, ja die Mehrzahl ist die Bedingung des Handelns. Nur im Handeln ist ein Individuum niemals mit irgendeinem anderen Menschen identisch, ob er nun gelebt hat, ob er lebt, oder ob er noch geboren werden muß. Wie wir sahen, waren es die Differenz und die Unwiederholbarkeit des jeweils Einzelnen, die es unmöglich machten, den Menschen auf Natur zu reduzieren, ihn als eine unter den vielen Spezies des tierischen Lebens auf der Erde aufzufassen.

Weiterhin scheint es fragwürdig, die »Bedürfnisse« als ein Element der »Natürlichkeit« des Menschen anzusehen. Jedes menschliche Bedürfnis ist unmittelbar Teil der Kultur, niemals Natur. Es ist kein Zufall, daß sich die Wege ihrer Befriedigung von Epoche zu Epoche, von Gruppe zu Gruppe, ja sogar von Individuum zu Individuum selbst bei elementaren, biologischen Bedürfnissen wie dem Essen und der Sexualität so stark voneinander unterscheiden.

Man kann also Hannah Arendts Existentialanalytik nur dann akzeptieren, wenn man sie ganz grundlegend verschiebt. Im Detail kann man die wesentliche Intention erkennen und bewerten. Ihre Aufmerksamkeit gilt dem Bemühen, eine Hierarchie unter den Modalitäten der Existenz herzustellen. Es geht um eine aufsteigende Hierarchie, die den zunehmenden Abstand und die Emanzipation aus den Bedingungen einer rein animalischen Abhängigkeit von der Natur bezeichnet. Arbeiten, Herstellen, Handeln stellen Aspekte der Existenz dar und bringen jeweils die Zwangsläufigkeit, die Instrumentalität und die Freiheit zum Ausdruck. Sie alle gehören zur *vita activa*, aber sie besitzen nicht alle denselben Wert. Je weiter man sich von der Natur entfernt, um so mehr wird die untersuchte Existenzweise spezifisch menschlich sein und zu Recht auch ein Unterscheidungskriterium abgeben.

Als sich reproduzierendes Leben hat der Mensch nichts spezifisch Menschliches an sich. Als *homo faber* baut er wohl eine »Welt«, eine zweite Natur, aber schließlich sind es doch die Materialität der *ersten* Natur und die Gesetze der Materie, die der Mensch entdeckt (zunächst in der handwerklichen Tätigkeit und dann auch in der Wissenschaft) und die sich durchsetzen. Sie binden jeden Menschen an dieselbe Praxis des Herstellens, denn die Technik ist neutral.

Nur im und durch das Handeln entzieht sich der Mensch zur Gänze der Natur, erlangt er die Freiheit, etwas völlig Neues und Unvorhersehbares zu beginnen. Die Geschichte, also die kulturelle Dimension in ihrer wahren Fülle, ist nicht einfach zweite Natur. Wörtlich genommen ist sie *Schöpfung*. Der historische Antideterminismus von Hannah Arendt ist radikal und heilsam.

Fassen wir zusammen. Die vorgeschlagene Gliederung – Arbeiten, Herstellen, Handeln – ist ungeeignet, historische Epochen voneinander zu unterscheiden und eine klare und differenzierte Gliederung der verschiedenen Tätigkeitsformen in der modernen Welt zu liefern. Formuliert man sie jedoch um, dann wird sie zu einer wertvollen Leitlinie, die die beiden Pole genau umreißt, zwischen denen sich jede menschliche Tätigkeit bewegt. Sie fixiert die beiden grundlegenden *Qualitäten*, die man in den konkreten Formen menschlicher Praxis in unterschiedlichen Verknüpfungen und Kombinationen finden kann. Und vor allem wird dadurch eine Hierarchisierung möglich, die deshalb ganz und gar nicht zufällig ist, weil sie aus dem Spezifikum der (individuellen) *Existenz* abgeleitet ist, welches das menschliche Leben im Gegensatz zum tierischen ausmacht (das unwiderruflich das *Leben* einer Spezies, nicht schon Existenz ist).

Der Mensch, der den Gesetzen der Natur unterliegt, und der Mensch, der etwas radikal Neues *anfängt*, das sind die beiden Extreme. Die praktischen Tätigkeiten werden daher in einer Linie gesehen, die auf eine zunehmende Kreativität zu Lasten der Routine hinführt. Schöpfung *versus* Routine ist tatsächlich eine andere Bezeichnung für die Polarität von Freiheit und Notwendigkeit, wenn man die Tätigkeitsformen des Menschen betrachtet. Der Grad an existentieller Authentizität bemißt sich daher an dem Grad an Autonomie, den die Tätigkeit zuläßt, denn die schöpferische Tätigkeit und folglich die wirkliche Existenz werden dann frei, wenn das Individuum nicht nur den Zweck der Praxis bestimmen kann, sondern auch jene Praxis als ein Ziel an sich, als Selbstverwirklichung und Lustgewinn setzen kann.

Es gibt einen Nullpunkt solcher Autonomie, Kreativität und Authentizität: die Bandarbeit in der Fabrik. Ihr extremes Gegenteil, wo sich die äußeren Zwänge verwischen, bildet die künstlerische Arbeit. Abgestuft dazwischen nach einem Kriterium, das wir jetzt hinreichend präzis einschätzen können, liegen die Tätigkeiten, die wir früher in der Gestalt des Handwerkers ausmachen konnten und die heute durch die postindustrielle Produktionsweise im Übermaß vervielfältigt worden sind.

Hannah Arendts detaillierte Kritik an der Bandarbeit in der Fabrik ist jedoch kein Ausfluß romantischer Nostalgie, und es versteckt sich dahinter auch nicht die Idee einer Rückkehr zur Idylle vorindustrieller Produktionsweise (die vor allem in den Werken der Poeten vorzugsweise idyllisch war). Ihre Analyse der modernen Fabrikarbeit, die zuweilen an Simone Weil erinnert[11], zielt allein darauf ab klarzustellen, daß diese Form der Arbeit vollständig einer dem Arbeiter ganz und gar äußerlichen *ratio* unterworfen ist. Und in keiner Weise ist sie eine Quelle der Befriedigung (wie das hingegen bei der künstlerischen Arbeit der Fall ist); vielmehr unterwirft sie das Tun aufs engste den äußeren Notwendigkeiten der Reproduktion des Lebens. Diese Umstände sind durch einen außerordentlichen Verlust an Wirklichkeit gekennzeichnet, denn sie entsprechen denen einer jeden Tierart gegenüber der Umwelt, in der sie lebt; es sind Umstände, die den Einzelnen als Subjekt von Freiheit, Erfindungskraft und Autonomie negieren.

Diese Umstände sind jedoch nach Hannah Arendt niemals vollständig zu beseitigen, auch wenn sie die Modalitäten einer unwirklichen Existenzweise bilden. Aus ihrer Art der Erörte-

11 Simone Weil, *Fabriktagebuch*, Frankfurt/Main 1978

rung des Themas spürt man eine vermittelte, aber tiefe (und angebrachte) Empörung über jene allzu große Apologie, mit der das Elend der Fabrikarbeit vernebelt wird. Aber man entdeckt bei ihr auch einen ebenso eindeutigen Realismus, einen Realismus, der die Vision der Befreiung der Arbeit und der Transformation der Arbeit in eine befriedigende Verausgabung von Lebensenergien für zweifelhaft hält.

Wenn die sozialen Lebensbedingungen des Arbeiters und die ungleiche Verteilung der nichtkreativen Arbeit unter den Individuen auch nicht als unveränderliche Tatsachen hingenommen werden können (folglich bedeutet »Gerechtigkeit« auch gleichmäßigere Verteilung dieser Mühsal), so ist ebenso gewiß, daß die Technik ihrem Benutzer immer eine Art Sklaverei aufzwingen wird. Aber indem Hannah Arendt die Instrumentalität und folglich auch die Existenz eines äußeren Gesetzes anerkennt, formuliert sie nicht die grundsätzliche Vergeblichkeit, und sie träumt auch nicht von einer Menschheit, die sich in einer »emanzipierten« und einer harmonischen Totalität mit Natur und Arbeitsinstrumenten versöhnt.

Die Ökonomie kann und wird nicht mehr das Feld sein, in dem sich Freiheit und Kreativität entfalten. Die Sphäre der Ökonomie, also der Produktion der Gegenstände, wird immer in der einen oder anderen Weise der Konstitution dieser Gegenstände gehorchen, die vom menschlichen Wollen unabhängig und ihm vorgängig ist. Sich der Natur zu beugen, um sie auszubeuten, das liegt in der Natur des menschlichen Lebens, soweit es ökonomisches Handeln ist.

Anders liegen die Dinge für die politische Sphäre. Hier werden tatsächlich keine Sachen produziert, sondern Beziehungen zwischen Menschen, Beziehungen also, die an kein Naturgesetz und auch an keine unveränderliche Besonderheit der Gattung geknüpft wären. Denn die »Spezies« Mensch ist eben jene, bei der Gattung und Identität sich auflösen zugunsten der Individuen und der Differenz. Im politischen Raum *handelt* der Mensch, in der Ökonomie *ordnet er sich unter* (wenn auch, um die Natur seinen eigenen Zielen zu unterwerfen). Hier kann er sicherlich verändern, was er vorfindet; aber es ist bereits konstituiert (nach einem eigenen, ihm äußerlichen Gesetz). Dort hingegen kann er etwas Neues einführen.

2.

An diesem Punkt findet die Behauptung, von der wir ausgegangen waren – »Die Politik ist die wirkliche Sphäre der Existenz« –, ihre Rechtfertigung. Hannah Arendts Existentialanalytik befindet sich so gesehen genau am Gegenpol zu Martin Heidegger. In ihrer Jugend hatte sie bei Heidegger studiert und auch eine nicht sehr lange, aber intensive Liebesaffäre mit ihm gehabt.[12] Auf seine philosophischen Thesen greift sie mehr als einmal mit wechselnden Einschätzungen zurück. Die Sphäre der Politik, vor allem, wenn sie als Verständigung zwischen Subjekten verschiedener Ansichten aufgefaßt wird (und dies ist die entscheidende Grundannahme Hannah Arendts), scheint für Heidegger vollständig in der Bedingung des *Geredes* aufzugehen, das heißt in einer nichtwirklichen Existenzweise, obwohl Heidegger den Begriff »Gerede« nicht in »herabziehender Bedeutung« verstanden wissen will.[13] Dennoch verhält es sich für Heidegger so, daß im Gerede »die Mitteilung nicht den primären Seinsbezug zum beredeten Seienden [teilt], sondern das Miteinandersein bewegt sich im Miteinanderreden und Besor-

12 Elisabeth Young-Bruehl, *Hannah Arendt. Leben, Werk und Zeit*, Frankfurt/M. 1986, S. 92f.
13 Martin Heidegger, *Sein und Zeit*, Tübingen 1979, S. 167

gen des Geredeten. Ihm liegt daran, daß geredet wird. [...] Und weil das Reden den primären Seinsbezug [...] verloren bzw. nie gewonnen hat, teilt es sich nicht mit in der Weise der ursprünglichen Zueignung dieses Seienden, sondern auf dem Wege des *Weiter- und Nachredens*«[14].

Im Unterschied zu Heidegger, der zumindest ex professo wertemäßig nicht zwischen wirklich und unwirklich unterscheiden will, versteckt Hannah Arendt das stark Wertende keineswegs, das in ihren existentialen Festlegungen enthalten ist. Das von ihr angewandte normative Kriterium erweist sich jedoch keineswegs als freischwebend oder willkürlich. Dennoch bleibt es richtig, daß aus den Resultaten der analytischen Untersuchung keine Norm abgeleitet werden kann, denn man *wählt* zwischen deren Ergebnissen. Aus der Natur *folgt* keine Hierarchie der Existenzweisen. Wenn man die Authentizität, das spezifisch Menschliche also, auf die Freiheit und die individuellen Verschiedenheiten gründet und in dieser Freiheit und Verschiedenheit die *differentia spezifica* der menschlichen Natur entdeckt, dann stellt das in jedem Fall die am wenigsten dogmatische der möglichen Alternativen dar. Mit anderen Worten: allein die Freiheit macht das Individuum aus. Ohne sie wären die Individuen nichts weiter als bloße Duplikate der Menschheit als Gattung. Nur das Individuum *existiert* (im Unterschied zu den Tieren, die leben), und eben deshalb wird seine Existenz um so wirklicher sein, je mehr es sich dem natürlichen oder instrumentellen Zyklus entzieht, sich unterscheidet, es selbst ist.

Deshalb ist Handeln essentiell *widernatürlich*. Das Handeln verunmöglicht die In-Differenz. An diesem Punkt ist offensichtlich, daß Routine, Konformismus und Gefolgschaft For-

---

14 Ebd. S. 168

men des Nicht-Handelns sind und dort, wo sie auftreten, nicht nur die Politik, sondern auch die Existenz aufgeben. Sie signalisieren eine Regression der Kultur zur Natur. Wenn Handeln und Politik an die Spitze der menschlichen Erfahrung gestellt werden, dann eben deshalb, weil die Existenz, insoweit sie Differenz ist, die einzige *widernatürliche* Realität darstellt. Es gibt kein gemeinsames Maß zwischen Mensch und Natur, Existenz und tierischem Leben. Menschen werden geboren, Tiere reproduzieren sich. Und das Geborenwerden ist unwiederholbar. Das Sein überdauert in der Natur, aber das Sein-Sollen kommt mit der Existenz auf die Welt. Ganz konsequent weicht Hannah Arendt jeder Form naturrechtlichen Denkens aus und vernachlässigt sogar wichtige Aspekte der amerikanischen Geschichte, insbesondere die herausragende Rolle der naturrechtlichen Tradition in den vorrevolutionären Strömungen; so kann sie deutlicher herausarbeiten, daß die Erklärung der Menschenrechte ein konventioneller und künstlicher Akt, eine kulturelle Erfindung und Errungenschaft ist.

In ihrem Aufsatz »Wahrheit und Politik« lesen wir denn auch: »In der amerikanischen Unabhängigkeitserklärung hat Jefferson bekanntlich ›gewisse Wahrheiten für zwingend evident‹ (self-evident) erklärt, weil er verständlicherweise wünschte, dasjenige, worüber unter den Männern der Revolution grundsätzliche Einstimmigkeit herrschte, außerhalb aller Diskussionen zu stellen; mathematischen Axiomen gleich sollten sie Überzeugungen ausdrücken, denen zuzustimmen nicht in das Belieben der Menschen gestellt ist, sondern die sich dem menschlichen Geist als evident darbieten. Indem er jedoch erklärte: ›*Wir halten* diese Wahrheiten für zwingend evident‹, konzedierte er bereits, wenngleich ohne dessen gewahr zu werden, daß der Satz: ›Alle Menschen sind gleich geschaffen‹

nicht zwingend evident, sondern das Resultat eines Übereinkommens ist – daß mithin die Gleichheit der Menschen, sofern sie politisch relevant sein soll, eine Angelegenheit der Meinung und nicht ›die Wahrheit‹ ist.«[15]

Existenz versus Natur. Die Kultur, die Geschichte, steht gegen die Natur, und daher auch (und vielleicht vor allem) der *Sinn*, den die Existenz bisweilen den Dingen in der Welt und den Beziehungen zwischen den Menschen zu verleihen vermag. Diese Gegenüberstellung muß als etwas ganz Grundsätzliches angesehen werden, und in eben diesem Sinne wird sie auch in einer der bis jetzt besten Monographien dargestellt, die dem politischen Denken Hannah Arendts gewidmet ist: »Die gesamte Politik bestimmt sich aus der Negation der Natur heraus, deren brutale Positivität einen Gegenentwurf zur Welt des Handelns liefert. Nur was sich von diesem Hintergrund abhebt, in dem spontan kein Sinn auszumachen ist, kann Würde erlangen. Umgekehrt geraten all jene Visionen der Welt in Mißkredit, die sich nicht ausreichend vom Natürlichen absetzen: Die Ethiken der Antike, der Marxismus, der Utilitarismus, der Imperialismus, der Totalitarismus. Alle diese Doktrinen weisen eine verdächtige Nähe zur Natur auf, zu der sie, nach Arendts Ansicht, in unterschiedlicher Weise zurückzukehren tendieren.«[16]

Der Mensch existiert nicht als Gattung, sondern als ein Plural endlicher Existenzen. Der Mensch als vorübergehende Wirklichkeit par excellence bildet nichtsdestotrotz für den Rest der Wirklichkeit die einzig mögliche Sinnquelle. Dieser Sinn kann dadurch gestiftet werden, daß irgend etwas *begonnen wird*, also durch das Handeln. Aber auch wenn das Handeln vom Ein-

15 Hannah Arendt, *Wahrheit und Lüge in der Politik. Zwei Essays*, München 1972, S.69
16 Enegrén, a.a.O., S. 88

zelnen ausgeht, kann es nie isoliert unternommen werden. Handeln ist immer Handeln in der Mehrzahl. Die wirkliche Existenz verlangt daher wirkliche Verständigung. Hier stoßen wir auf eine erste, sehr allgemeine Charakterisierung dessen, was die politische Sphäre ausmacht und den allgemeinen Horizont des Handelns näher bestimmt. Ein *öffentlicher Raum* ist unabdingbar als spezifischer Ort des Handelns, als Raum für die Authentizität, zu der das Individuum durch eine Teilnahme gelangt, die vor allem Verständigung ist, nämlich die Auseinandersetzung mit Meinungen und Entwürfen.

3.

Zwei Themenbereiche müssen vertieft werden. Die Freiheit, die hier gemeint ist, die politische Freiheit nämlich, als Möglichkeit zur Verständigung und zum Handeln begriffen, unterscheidet sich von dem Freiheitskonzept der Liberalen. Der öffentliche Raum als Ort, in dem sich die Freiheit in concreto bewährt, ist nicht vor dem Zugriff der Macht *geschützt*, ganz im Gegenteil, er ist genau jener Raum, in dem die Macht *ausgeübt wird*. Die Freiheit ist von allem Anfang an ebenso eine Freiheit/Macht wie konsequenterweise eine Freiheit *gemeinsam mit den anderen*. An dieser Stelle gilt es, ein Mißverständnis zu vermeiden. Nichts steht dem Arendtschen Denken ferner als die düstere Berufung auf die Gemeinschaft, als die unheilvolle Faszination alles umfassender Harmonien und anderer Engelschoräle (mit bekanntermaßen zumeist teuflischem Schluß), wo Solidarität am Ende nichts weiter ist als ein mystischer Gesamtkörper und eine erzwungene Einheit. Die beiden Themen, auf die näher einzugehen sein wird, sind also die Auseinandersetzung mit der Freiheit des Liberalismus sowie die positive und institutionelle Beschreibung einer kohärenteren Konzeption demokratischer Freiheit.

Sorgsam beachtet werden muß der spezifische Charakter des politischen Raums als Horizont der Verständigung unter Gleichen. Dieses Konzept darf weder zu einem platten »Realismus« noch zu dialektischer Spitzfindigkeit verkommen. Konkret bedeutet dies, daß allen in jedem Moment die Möglichkeit gegeben sein muß, sowohl Zuschauer wie auch Handelnde zu sein. Wobei das »alle« ohne jeglichen geistigen Vorbehalt zu verstehen ist, also gleichbedeutend ist mit *jedem Einzelnen* für sich genommen.

Handelnder und Zuschauer. Verkneifen wir uns für den Augenblick ein Urteil darüber, ob diesen beiden Gestalten Kandidat und Wähler entsprechen, oder der Politiker, der mitgestaltet, und der Bürger, der kontrolliert. Hier wird zunächst nur eine Vorbedingung fixiert, allerdings von entscheidender Bedeutung und mit großem Anspruch, denn es handelt sich um die *Konstitutions*bedingung der politischen Sphäre. Gäbe es sie nicht, dann würde man nicht von Politik und Macht sprechen können, sondern von Herrschaft und Gewalt.

Handelnder und Zuschauer. Sich zeigen, sich der Vielfalt von Urteilen und dem Blick aller anderen, also einem allseitigen Blick, aussetzen. Mit anderen, vielleicht weniger metaphorischen, aber dafür genaueren Worten: sprechen können und zuhören können, Botschaften aussenden und Botschaften empfangen, sie entschlüsseln und sie beurteilen. Man beachte vor allem anderen, wie die Macht zu sprechen als Vermögen, *Gehör zu finden*, formuliert werden muß, und wie diese unterschiedliche Formulierung bereits die Unterschiede zwischen Hannah Arendt und der liberalen Tradition signalisiert. Die Macht zu sprechen bedeutet wenig (und vor allem etwas *ande-*

res), wenn sie nicht mit dem Vermögen, Gehör zu finden, zusammenfällt, wenn sie Möglichkeit bleibt, eine Botschaft ohne Empfang. Gehör zu finden muß deshalb im Wortsinn aufgefaßt werden und nicht als künstliche Eventualität. Die Rednerecke im Hyde-Park ist daher die *Karikatur* des öffentlichen Raums, wenn der Zugang zu den wirklichen Medien der Meinungsbildung (Zeitungen und Fernsehen) das Privileg von wenigen bleibt. Der öffentliche Raum als Ort von Projekten erfüllt diese Aufgabe nur in dem Maße, wie die Promotoren von Entwürfen selber zugleich Promotoren symmetrischer Beziehungen sind. Und folglich müssen sie bei allen Gehör finden, zumindest soweit das zur Form (Konstitution) jenes öffentlichen Raumes gehört.

Das Wort, das kein Gehör findet, ist kein Projekt, sondern Ohnmacht, Fiktion, Frustration. Nur dort, wo sich jeder Gehör verschaffen kann, ist die Politik etwas Authentisches, nur dort besteht sie kraft ihrer Eigenschaft als Politik. Das ungehörte Wort verhallt, es ist nichtig. *Der Rufer in der Wüste* ist kein Rufer, wenn die Wüste wirklich eine ist. Wie auch umgekehrt: Jeder Ort, an dem das Wort ungehört bleibt, ist so gut wie eine Wüste. Die Macht fällt unter dem Gesichtspunkt der Verständigung (und der bleibt für Hannah Arendt immer von entscheidender Wichtigkeit) mit dem Bemühen *um Gehör* zusammen, sie reicht soweit, wie man wirklich bei den anderen Gehör findet, aber nicht weiter.

Mehr noch: Wo nicht jedermann die Möglichkeit besitzt, seinem Wort Gehör zu verschaffen, da beginnt die *Begrenzung* der Freiheit (die zu ihrer eigenen Parodie werden kann) und der Niedergang der Macht zu Gewaltausübung.

Es besteht also keineswegs ein Gleichklang zwischen Hannah Arendt und dem klassisch liberalen Weltbild. Und dies nicht so sehr wegen der Verachtung oder Geringschätzung gegenüber den formalen und negativ gedachten Freiheiten, die das Individuum vor der Willkür der Regierenden schützen. Wenn überhaupt, dann wird dem Liberalismus auf diesem Gebiet vorgeworfen, nicht begriffen zu haben, welch tiefe Krise die Demokratie zwischen den beiden Weltkriegen durchgemacht hat und folglich die Grundursache des totalitären Endes dieser Krise nicht verstanden zu haben. Mit anderen Worten: Der Liberalismus hat verkannt, daß die tieferliegende Ursache für die Degeneration der Demokratie im Verschwinden der Bürgerbeteiligung an der Politik und an der Teilhabe und Ausübung der Macht, in ihrer Apathie und den institutionellen – selbst oft liberalen – Mechanismen liegt, die diese Apathie beförderten.

Nirgends findet sich bei Arendt eine Geringschätzung von bestimmten eisernen Grundsätzen des Wirtschaftsliberalismus. Beispielsweise lehnt sie das Privateigentum keineswegs ab. Eher schon entdeckt man bei ihr die – historisch belegte – Beobachtung, daß die moderne Industrieproduktion seit den Tagen von Adam Smith bis heute die fortschreitende Enteignung immer größerer Bevölkerungsschichten bedeutet.

Der »Fehler« des klassischen Liberalen äußert sich eher schon darin, daß er den *homo oeconomicus* gegenüber jeder anderen menschlichen Existenzweise aus der Überzeugung heraus vorzieht, diese Reduktion (oder Fokalisierung) stelle eine spezielle Hervorhebung des Individuums und seiner Besonderheiten dar. Aber das liberale Individuum ist, so Hannah Arendts grundsätzlicher Einwand, nur scheinbar ein solches. In Wirklichkeit handelt es sich um ein inexistentes Abstraktum, also nicht um ein Individuum, denn es wurde vor dem Hintergrund des unbestimmt identischen Kalküls einer Kosten-Nutzen-Rechnung konzipiert. Die Menschheit als *homo oeconomicus* stellt eine reine Hypothese dar.

Der Mensch ist im liberalen Denken ein »einziger Mensch«, denn unter dem Gesichtspunkt des Bedürfnisses (und der entsprechenden Bedürfnisbefriedigung) gleichen sich alle Menschen. Sie alle werden von ein und demselben Mechanismus angetrieben, dem immergleichen Kreislauf Bedürfnis-Bedürfnisbefriedigung-Bedürfnis, der von Natur her (das heißt von Kultur her!) grenzenlos ist. Letzteres unterstellt dem Menschen, der Handel treibt, der konsumiert und akkumuliert, Hybris. Dies findet sich bei zahllosen Denkern in der Geschichte. So überliefert Aristoteles von Solon in Bezug auf die Akkumulation von Reichtümern folgenden Gedanken: »Den Menschen ist keine Grenze gegeben.«[17] Auch Goethe hat beispielsweise Werner, dem Freund von Wilhelm Meister, eine moderne Apologie von Handel und Gewerbe in den Mund gelegt: »Sollen wir nicht mit Freuden die Gelegenheit ergreifen und durch unsere Tätigkeit auch Zoll von jenen Artikeln nehmen, die teils das Bedürfnis, teils der Übermut der Menschen unentbehrlich gemacht hat?«[18] Goethe ordnet die Unentbehrlichkeit von Waren und Konsum sowohl dem Bedürfnis wie dem Übermut, also der Hybris, zu. Nichts ist mehr »überflüssig«, wenn es auf ein Bedürfnis trifft, das befriedigt werden kann.

In ihren elementaren (»natürlichen«) Bedürfnissen und in ihren der Hybris der Opulenz und des Konsumismus entstammenden Bedürfnissen, die die moderne Produktionsweise im Übermaß angestachelt hat, sind alle Menschen die Wiederholung eines einzigen Modells des Menschseins. Aber dieses Modell ist abstrakt, denn sein Entstehen ist nur unter Absehung

17 Ebd., S. 73

18 Johann Wolfgang Goethe, *Wilhelm Meisters Lehrjahre*, München 1977, S. 41

von allen konkreten Attributen und Prädikaten möglich, die jede Existenz (jedes wirkliche, lebendige Individuum) einzigartig und unwiederholbar machen.

Darüber hinaus kann die Befriedigung der Bedürfnisse (in einer Situation, die per definitionem sich immer durch *Mangel* auszeichnet, denn Bedürfnisse kennen, eben weil sie kulturell sind, keine Grenzen und können daher niemals vollständig befriedigt werden) nur nach Maßgabe der Technik erfolgen und verweist auch von daher auf die fabrikmäßige Produktionsweise. Wiederholt und mit Nachdruck betont nun Hannah Arendt den neutralen Charakter der Technik. »Die Bewältigung des Mangels ist eine rein technische Angelegenheit, die vor jedweder politischen Überlegung in Schutz genommen werden muß.«[19] Das ist das genaue Gegenteil jeglicher, und sei sie auch noch so schwach formulierten Position, die eine Parteilichkeit von Technik und Wissenschaft unterstellt. Bei der Produktion von Gütern, die per definitionem knapp sind, zwingt die Technik allen Menschen ihre Regeln auf. Alles andere wäre Wahnsinn. Das bedeutet auch, daß das Feld der Ökonomie dem Individuum keinen Raum gibt, sich tatsächlich zu unterscheiden. Im Verhältnis zu den Regeln der Technik wie zu den Gesetzen der Wissenschaft kann es keine Subjektivität geben, sondern einzig Unterwerfung. Wenn die Ziele und die Ressourcen gegeben sind, dann ist der Weg nahezu unausweichlich.

Mehr noch: Technik bedeutet auch Hierarchie und asymmetrische Beziehungen. Kein Traum von Selbstverwaltung also. »Es ist in der Tat wahrscheinlich, daß die politische Theorie der Antike mit ihrer Überzeugung, die Ökonomie – die nun einmal mit den Zwängen des Lebens zusammenhängt – erfor-

19 Enegrén, a.a.O., S. 73

dere einen Herrscher, um korrekt funktionieren zu können, nicht vollkommen falsch ist.«[20] Unterordnung unter neutrale und folglich für alle gleiche Regeln vollkommen ungeachtet der politischen Überzeugungen sowie Unterordnung unter ein notwendig hierarchisches System, damit jene Regeln auch in die Praxis umgesetzt werden können, sind die beiden Aspekte der Produktion, die Hannah Arendt als unausweichlich ansieht; jede Kritik an ihnen wäre nichts anderes als schlechte Regression und »Poesie«.

Im Unterschied zu den Apologeten (auch sie tragen eine, wenngleich genau entgegengesetzte, so doch ebenso schlechttönende »Poesie« vor) – zieht Hannah Arendt daraus eine auf der Hand liegende Konsequenz: Das Universum der Fabrikation, der Ökonomie, der knappen Ressourcen, der technischen Zweck-Mittel-Beziehungen und des *homo oeconomicus* kann in gar keiner Weise den öffentlichen Raum konstituieren, in dem die Individuen in Erscheinung treten können, ihre jeweilige Differenz erfahren, also im eigentlichen Sinne Individuen sein könnten. Der *homo oeconomicus* ist in gewisser Weise noch Spezies. Die wirkliche Existenz, eben weil sie individuell und differenziert ist, wird sich anderswo abspielen müssen: Sie muß einen anderen Ort finden.

Die positive Anerkennung des Bereichs der Technik darf nicht in Blindheit, d.h. in eine Verkennung des perversen Charakters der technischen Logik umkippen. Der Utilitarismus ist – wenn er zur Ideologie wird – ein Standpunkt, der sich selbst in den Schwanz beißt. Der Nutzen wird nämlich als Ziel behauptet, das von Mal zu Mal den Einsatz der angemessenen Mittel rechtfertigt. Aber etwas ist nur dann nützlich, wenn es ein Mittel für ein weitergehendes Ziel ist, ja genau dies ist der

---

20 Hannah Arendt, *Totalitarian Imperialism*, in: »The Journal of Politics«, Jg. 20, 1, 1958, S. 29

Sinn des Begriffs: nützlich, weil Mittel, um etwas zu realisieren. Der Kreis schließt sich, und es ist ein circulus vitiosus, denn aus ihm geht niemals die Antwort auf Lessings Frage hervor: »Was ist der Nutzen des Nutzens?«.

Kurz: das Mittel nimmt den Platz des Ziels ein, jedes Ziel wird zum Mittel degradiert. Das ist der Beginn jener Verwechslung von Logik der Fabrikation (wo die Arbeit von den Regeln der Technik in den Dienst genommen wird) und Logik des Handelns (wo Freiheit und Meinung unabhängig sein müssen von jeglichen, das Ziel vorwegnehmenden Regeln). An geschichtlichen Beispielen untersucht Hannah Arendt diese *Verwechslung* von Freiheit und Wohlstand, von Macht und Überfluß, die mit dem Übergang der kulturellen und politischen Hegemonie von Jefferson zu Hamilton bereits von Anfang an die amerikanische Republik bestimmte. Überfluß und Konsum können zum Opium für die Individuen werden und den Wunsch nach Ausübung der persönlichen Freiheit im Sinne der persönlichen Rolle innerhalb einer mit anderen geteilten und ausgeübten Macht lähmen.

Gegen den Konsumismus der Überflußgesellschaften wendet sie ein, daß die Herstellung zur Vernichtung inzwischen an die Stelle der Herstellung der »Welt« tritt, also jenes Ensemble von dauerhaften Gegenständen, die eine zweite, künstliche Natur bilden. »Nicht das Vernichten, sondern das Erhalten und Konservieren ruiniert die moderne Wirtschaft, deren Umsatzprozesse durch das Vorhandensein von Bestand jeglicher Art nur verlangsamt werden können, weil die einzige, ihr eigene Konstante in der ständigen Geschwindigkeitszunahme des Produktionsprozesses liegt.«[21] Die Argumentation hat jedoch einen Haken, denn, wie wir bereits sahen, ist es nicht die Dauer, die

---

21 Arendt, *Vita activa*, a.a.O., S. 248

ein Objekt qualifiziert und es in »Konsumobjekte« und »Gebrauchsgegenstände« scheidet.

Gewiß kann man mit allgemeinen Argumenten und mit guten historisch-analytischen Gründen die These aufstellen, daß »das moderne Individuum im Zyklus von Produktion und Vergeudung nur durch ein prekäres Gleichgewicht von Mühsal und Befriedigung ein dumpfes Glück erreicht, das es, wenn auch nur für Momente, das *Wollen* seines Ichs vergessen läßt«[22]. Gleichzeitig muß man jedoch bedenken, daß für Hannah Arendt der hemmungslose Konsumismus zu genau denselben Resultaten führt wie die Armut und das Weiterbestehen einer ungelösten sozialen Frage. Gegen den Konsumismus stimmt sie nicht das fanatische Loblied auf die Selbstbescheidung an, ihr Grundeinwand besteht vielmehr darin, daß in beiden Fällen die Sorge um die Ökonomie aufhört, Bestandteil der Existenz zu sein und zum dominanten, obsessiv alles beherrschenden Motiv wird. Und folglich lähmt sie die Politik, die der Ort der wirklichen Existenzweise ist.

4.

In dieser Hinsicht sind jakobinischer Fanatismus und die verbohrte, konformistische Engstirnigkeit der Flaubertschen Kleinbürger gleichermaßen Symptome für einen Mangel an Individualität (also an Differenz) und für ein Sich-Verlieren in der aufrührerischen bzw. mittelmäßigen Masse mit ihren Riten, ihren sozialen Verpflichtungen, ihren Lügen und ihren Vorurteilen. In beiden Fällen macht Ökonomie, sei es nun durch die Verarmung oder den Anreiz zum Konsum, die Menschen zu reinen Duplikaten eines vorhersehbaren, zwanghaften Verhal-

22 Enegrén, a.a.O., S. 84f.

tensmodells. Sie zerstört die Persönlichkeit im Individuum, denn sie lähmt die Differenz der Gesichtspunkte, die einzig im öffentlichen Raum der Politik Gelegenheit hat, in Erscheinung zu treten.

Die Gesellschaft, in der sich die Menschen bewegen und in der sie als Privatpersonen Handel treiben, ist also ein Ort von Egoismen, von Produktion zum Zwecke der Zerstreuung, von Hybris und von Maßlosigkeit. Hannah Arendts Diagnose scheint Marxens Beschreibungen zu wiederholen. Aber das täuscht. Für Marx ist die Gesellschaft das von Leben erfüllte, konkrete Universum, wo im Gegensatz zum »Himmel« der Politik wirkliche Menschen aus Fleisch und Blut arbeiten. Die Interessen sind wirklich, und Meinungen sind phantastische Entwürfe. Hier wurzelt das Klassenbewußtsein, das bei Marx eine so hervorragende Rolle spielt, und das in der Philosophie von Lukács und der Praxis von Lenin seinen vollendeten Ausdruck findet. Das Klassenbewußtsein wird dann für wirklich erachtet, wenn es der wissenschaftlich korrekten ökonomisch-sozialen Position entspricht, d.h. es muß dem Marxschen Standpunkt entsprechen. Umgekehrt handelt es sich um falsches Bewußtsein, wenn es Kritik und Projekte vorbringt, die von dem abweichen, was besagte »Wissenschaft« bereits als historische Wirkungsgesetze herausfand. (In Wirklichkeit allerdings wurden diese ganz hegelianisch einfach vorausgesetzt.)

Für Marx ist die Politik daher ein Ort der Entfremdung, zu dem der Mensch nur als Bürger Zugang hat; er ist abstrakt, weil frei von den konkreten Bestimmtheiten, die nur durch die sozialen Interessen und die Klassenlage ins Spiel kommen. Konkret sind nur Interessen; Meinungen gehören zum »Überbau«. Aber die Gesellschaft als Ort einer nichtimaginären Existenz ist durchzogen von Brüchen, und sie steckt voller unüberbrückbarer Konflikte, deren Ausgangspunkt im Grundwiderspruch von Lohnarbeit und Kapital liegt. Ein unaufhebbarer Widerspruch, denn Lohnarbeit ist *entfremdete* Arbeit.

Der Marxismus erhofft sich (auch wenn es sich eigentlich um eine »Vorhersage« handelt, denn er hält sich ja für eine Wissenschaft) eine doppelte Aufhebung der Entfremdung, wenngleich in ein und demselben Prozeß; mit einer zeitlichen Abfolge allerdings, die unbestimmt bleibt. Die entfremdete Sphäre der Politik soll von der irdischen Gesellschaft absorbiert werden. Die entfremdete Form der Arbeit soll mithilfe der Aufhebung des Privateigentums an Produktionsmitteln überwunden werden. Das Gesamtergebnis dieses Prozesses soll eine Verwaltung der Dinge anstelle der politischen Entscheidungen verwirklichen und in einer einheitlichen und harmonischen Vision des Menschengeschlechts die Aufhebung der sozialen Antagonismen hervorbringen: kurz, es soll eine humane, soziale, kulturelle, eine *runde* Gesellschaft werden, in der die Kanten abgeschliffen sind und in der die Sonne ohne Unterlaß scheint.

Während für Marx die Gesellschaft Ort der Differenz ist, die überwunden werden soll, stellt die Gesellschaft für Hannah Arendt eher den Ort des Konformismus dar. D.h. gerade in der Gesellschaft paßt man sich der zwingenden Logik des ökonomischen Kalküls an, das die Kosten-Nutzen-Relation nach nicht weiter hinterfragbaren Regeln optimiert. Die Interessen der einzelnen Akteure werden daher unterschiedlich und konkurrierend sein, aber die hinter den unterschiedlichen Interessen stehende Logik mit ihrer unüberschreitbaren Rationalität ist ein und dieselbe. Die Interessen stehen also zueinander in Konkurrenz, folgen aber eben jener ökonomischen Logik, die die Menschen in-different macht. An dieser Stelle gilt es, ein naheliegendes Mißverständnis auszuräumen. Die gesellschaftliche Sphäre ist sicherlich der Ort des Konflikts, aber Differenz und Konflikt sind keineswegs Synonyme. Die Differenz ist auch und immer Konflikt, aber der Umkehrschluß gilt nicht. Der Konflikt ist nicht zwangsläufig und immer wirkliche Differenz. Gerade die Konkurrenz stellt eine Form des Konflikts zwischen Subjekten dar, die der gleichen Logik gehorchen und den gleichen Gesetzmäßigkeiten folgen. (In dieser Sicht sind zwei konkurrierende Subjekte nichts weiter als Duplikate des Menschengeschlechts und keine Individuen, ganz genauso wie zwei Hirsche, die sich um zwei Weibchen streiten, und zwar als Geschlechtswesen – und nicht als Individuen). Die Auflösung der Politik in die Gesellschaft, also das Verschwinden des *Citoyen* zugunsten des *Bourgeois*, bedeutet nicht schon an sich, wie Marx meint, der Entfremdung ein Ende zu setzen. Es würde die Entfremdung vielmehr bestätigen und definitiv festschreiben.

Tatsächlich ist es in den Augen von Hannah Arendt Entfremdung, wenn sich das Individuum im *Genus*, die Existenz im Wesen und die politische Meinung in der neutralen Objektivität der technischen Regeln auflösen. Beide Aspekte des Lebens und der Tätigkeit des Menschen sollten hingegen in wechselseitiger Autonomie existieren. Die menschliche Existenz kennt eine Vielfalt von Ebenen; die Spannbreite reicht von der Notwendigkeit bis zur Freiheit, von der Natur bis zur Politik. Die Entfremdung schaltet diese Vielfalt aus und reduziert sie auf eine einzige Ebene. Aber gerade diese Vielfalt gilt es zu bewahren. In radikalem Gegensatz zum Marxismus zielt Arendt darauf ab, die Politik als eine eigenständige Sphäre zu behandeln, eben weil es sich um eine besondere Sphäre handelt, die gerade aus diesem Grunde den Imperativen einer technischen

Neutralität entzogen ist. Sie ist der Ort der Verständigung und des Meinungsstreits, Kreuzungspunkt frei vorgebrachter Projekte und absolut nicht neutral und objektiv, sondern bevorzugt Ort der *Parteinahme*.

Dort, wo die Grenzen zwischen Öffentlichem und Privatem hinfällig, wo sie unscharf und schließlich abgeschafft werden, dort feiert die Entfremdung ihren Siegeszug. Und genau das geschieht in der modernen Welt, wo die Politik – verstanden als etwas Eigentliches, als Verständigung, Teilhabe und Handeln – verschwindet. Dabei wird die Politik nicht zu einer Sphäre, die nach dem gleichen Muster wie die Wirtschaft gegliedert wäre, sondern sie wird zu einer privaten Aktivität unter anderen, zu einem Beruf unter anderen, eben zu einer Teilgliederung der Gesellschaft. Der Mensch ist nicht mehr in zweifacher Weise, er führt keine öffentliche *und* private Existenz, er ist nicht mehr zugleich *Bourgeois* und *Citoyen*. Nur der *Bourgeois* überlebt, d.h., er führt seine Geschäfte und folgt dabei Regeln, denen sich zu entziehen kindisch wäre. Er handelt mit Waren, bzw. er handelt mit Konsens. Auf diese Weise stirbt die Gestalt des Bürgers aus. Es ist möglich, von einem politischen Austausch, von einem politischen Markt und von einer politischen Akkumulation zu sprechen; nicht in metaphorischem Sinne, sondern weil die Logik der Gesellschaft, die zugleich die wirtschaftlichen Aktivitäten lenkt und die innerhalb der ihr eigentümlichen Grenzen vollkommen rational ist, alle Dämme durchbrochen hat und in ein Terrain eingedrungen ist, das eigentlich nicht ihres ist. Sie ist allgegenwärtig geworden und hat die Sphäre der Politik in sich aufgesogen. Ein Traum von Marx ist Wirklichkeit geworden. Nur leider produziert er Entfremdung und keineswegs Emanzipation.

Der Totalitarismus stellt also folgerichtig einen Extremfall dar; aber eben nicht in der Politisierung der Gesellschaft, sondern in der Zerstörung der Sphäre des Politischen. Niemand kann in einem totalitären System als Staatsbürger auftreten. Niemand verständigt sich oder tauscht Meinungen aus. Niemand kann gemeinsame Entscheidungen treffen oder die Macht teilen. Die nachfolgende Zerstörung auch der Privatsphäre durch den Totalitarismus vollendet ihn; und sie vollzieht sich auf den Trümmern des zuvor vernichteten politischen Raums.

5.

Wenn man gesellschaftliche und öffentliche Sphäre miteinander vermengt, dann bekämpft man die Entfremdung nicht, sondern man *schafft* sie. Wohlgemerkt: *Bourgeois* und *Citoyen* müssen klar getrennte Charaktere bleiben, aber sie müssen für jedes Individuum praktikabel bleiben. Ein jeder muß ebensosehr *Bourgeois* wie *Citoyen* sein können, ebensosehr öffentliche Person wie Privatperson.

Auch wenn für eine Privatperson das Leben unausweichlich einer *Fremdbestimmung* unterliegt (denn Natur und Technik zwingen ihre Logik in einer Weise auf, die kein Verlangen wird umstürzen können), so muß jene öffentliche Sphäre doch umso mehr geschützt, garantiert und noch vor alledem eingerichtet werden; d.h., sie muß durch politische Institutionen realisiert werden, eben durch eine *Verfassung*. Denn es handelt sich um jene Macht, die ausgehend von den unterschiedlichen Meinungen tatsächlich aufgeteilt wird, und um die wirkliche demokratische Teilhabe, die die Voraussetzung von *Autonomie* ist. Und ohne sie, das sei noch einmal betont, gibt es wohl die Gattung, nicht aber das Individuum. Es gibt das *Sein*, nicht aber wirkliche Existenz, denn auch das *Sein-Müssen* ist äußerer Druck.

Die Sphäre der Politik ist aber alles andere als konfliktfrei. Gerade hier, wo, anders als in der Welt des Handels und der Privatsphäre, ein jeder nur sich selbst gehorcht, ist es der autonome Wille, aus dem heraus die Ansichten formuliert und mitgeteilt werden. Die öffentliche Sphäre ist vielfältig gegliedert. Diese Verschiedenheit ist nicht *abgeleitet*, sondern *originär*. Sie folgt also nicht der unterschiedlichen sozialen Stellung mit ihren konkurrierenden Funktionen und Interessen, sondern sie bringt das Individuum in seiner Fülle zum Ausdruck, den Bereich der Freiheit und Kreativität, der ihm zukommt, denn seine Existenz darf niemals auf die Funktionen reduziert werden, die es in der Gesellschaft ausübt.

Diese Überzeugung mag übertrieben optimistisch klingen. Es handelt sich auch gar nicht um eine Überzeugung, die irgendwie eine Tatsachenbehauptung wäre. Im Gegenteil, es handelt sich um eine normative Entscheidung. Sie drängt sich allerdings von dem Moment an zwangsläufig auf, da man versucht, die inhärenten Antinomien der unterschiedlichen Formen eines historischen und sozialen Determinismus zu überwinden. Es kommt dabei nicht darauf an, ob es sich nun um philosophiegeschichtliche, positivistische oder funktionalistische Ansätze handelt. Doch dazu später.

Hier ist zunächst einmal von Interesse, daß Hannah Arendt der philosophischen Tradition von Hegel und Marx vollkommen äußerlich gegenübersteht. Mit ihr teilt sie den Begriff der Entfremdung, aber sonst rein gar nichts. Die moderne (vom liberalen Denken stark idealisierte) Welt ist für Marx wie auch für Hannah Arendt ein Ort der Entfremdung. Der Sinn des Begriffs wie auch die dahinter stehende Kritik weichen dagegen vollkommen voneinander ab. Entfremdung ist *Verderben*, und der religiöse Beiklang sollte nicht übermäßig verwundern. Jenes Sich-Verlieren des Menschen führt Marx auf den gespaltenen Charakter der Existenz zurück, die jedes Individuum zu führen gezwungen ist. Es handelt sich um die Spaltung eines auf vielen unterschiedlichen Ebenen geführten Lebens, um eine Spaltung, in der die Menschen die wechselseitigen Konflikte erfahren. Dasselbe Verderben schreibt Hannah Arendt dagegen dem *Verlust der Grenzen* sowie gerade dem Verschwinden von Vielfältigkeit und Spaltung zu.

Wenn Entfremdung Enteignung eines Teils des eigenen Seins, der eigenen Identität, der eigenen Existenz bedeutet, dann läuft die Argumentation Hannah Arendts darauf hinaus, daß dieser Verlust genau dann eintritt, wenn die Differenz verschwindet. Bei Marx ist im krassen Gegensatz dazu gerade die Differenz der Ort der Entfremdung; aus der Entfremdung befreit man sich durch die Reduktion der Differenz auf die Identität und durch die Auflösung des Individuums in der versöhnten Gemeinschaft, also in der Gattung Mensch, die endlich *Eins* geworden ist.

Die klassischen Entfremdungstheorien zielen nicht nur auf die Aussöhnung zwischen den Menschen, sondern auch auf Aussöhnung des Menschen mit der Welt. Sie setzen voraus, daß alles auf der Welt einen Sinn hat, daß alles einer inneren Ordnung gehorcht, daß alles einem Bauplan folgt. Eine wie auch immer geartete VERNUNFT durchdringt jedes Element der Natur und der Geschichte vom Andromedanebel bis zu den Fünfjahresplänen, jede Entität kann entschlüsselt werden, sie ist »objektiv« sinnhaft und steht an dem Platz, der ihr zukommt. Das Mosaik der Vorsehung hat dem Menschen die ehrenvollste Maske zugewiesen, den vornehmsten Platz.

Das Individuum fühlt sich entfremdet, weil und solange es sich fremd fühlt, am falschen Platz, im Exil. Das gilt solange, wie sich die Welt vor ihm als »anderes« aufbaut, weil sie absurd und ohne Sinn ist. Kaum besorgt dagegen die beruhigende Harmonie des »unicuique suum«, daß jedes Ding an seinem Platz steht, da verschwinden Zufall und Chaos und überlassen der Zwangsläufigkeit das Feld. Natur und Geschichte offenbaren sich als Wohnstatt, in der es dem Einzelnen möglich wird, sich als Moment der Totalität zu begreifen, wodurch auch er der Unendlichkeit teilhaftig wird, die den Tod auslöscht. »Die durchschlagendsten Argumente sind jene, die den Menschen dadurch *erklären*, daß sie ihm aus innerer Zwangsläufigkeit heraus einen Ort zuweisen, an dem sich seine Angst auflöst.«[23]

Für diese Theorien stellt die Aufhebung der Entfremdung immer eine Etappe, ein Moment, ein Fragment und einen vorläufigen Teilabschnitt in einem Prozeß der Erlösung dar, der unausweichlich zur Verwirklichung der Totalität führt. Es ist der Traum von einem versöhnten Kosmos, von einer enträtselten Geschichte und von einer in sich *runden* Existenz. Aus ganz anderem Holz geschnitzt und absolut unversöhnlich ist die Argumentation Hannah Arendts in Sachen Entfremdung. Der Mensch ist nicht schon deshalb entfremdet, weil er in einer Welt lebt, die sich verstellt präsentiert. Die Welt *ist* so, und das ist kein Defekt, außer für einen metaphysischen Allmachtswahn. Der Mensch ist ein Fremder im Kosmos, der Kosmos ist ein chaotischer Mischmasch aus Zufall und Notwendigkeit, und das Universum ist nicht für den Menschen eingerichtet. Aber in all dem steckt nicht die Spur einer Idee von Aufhebung und von Entfremdung. Um die Realität für entfremdet zu erachten, müßte man – ganz unkritisch – eine Vorsehung

23 Jacques Monod, *Le hasard et la nécessité*, Paris 1973, S. 209

unterstellen, die in Natur und Geschichte flugs am Werke wäre.

Für Hannah Arendt bedeutet Entfremdung die fühlbare Enteignung des Menschen um eine Dimension, die ihm zusteht: die Möglichkeit, sich zu verständigen und gemeinsam mit anderen die Macht auszuüben. Wenn die Welt der Politik etwas *anderes* wird, dann nicht, weil sie abgetrennt und partiell wäre (wir sahen bereits, daß sie genau so sein soll), sondern weil sie dem Individuum *verweigert* wird, weil sie seiner konkreten Beschäftigung entzogen und in der gesellschaftlichen Sphäre (die als von der Politik unterschiedene notwendig existiert) des Gewerbes und der technischen Instrumentalität abgestumpft wird. Auf diese Weise ist das *Dasein* kein *inter homines essere*, kein Unter-Menschen-Sein[24] mehr. Hier wird mit dem Namen Entfremdung ein empirisch nachvollziehbares Phänomen bezeichnet: das Verschwinden der Grenze zwischen öffentlich und privat, zwischen Politik und Gesellschaft, die Reduktion der Politik auf Gewerbe und das damit verbundene Verschwinden des öffentlichen Raums, der demokratischen Teilhabe an der Macht, der freien Meinung und des Menschen als Differenz.

6.

Die zum Beruf gewordene Politik tendiert dazu, sich abzuschaffen. Das Monopol der Parteien auf das öffentliche Leben (die Parteienherrschaft also) ist Ausdruck für den Niedergang der Demokratie, für ihre fortschreitende Verarmung. Diese Verarmung zeigt nicht nur den Verfall eines Ideals und den wachsenden Abstand zwischen den trotz alledem immer wieder proklamierten Werten und den tatsächlichen Institutionen. Sie

24 Das italienische Wortspiel an dieser Stelle (*esserci* = Dasein und: *inter homines essere* = unter Menschen sein) ist nur schwer zu übertragen. Vgl. zu Beginn S. 16 (A.d.Ü.)

bedeutet auch eine Schwächung für die Demokratie. Hannah Arendt teilt keineswegs jenes verbreitete Vorurteil, demzufolge die Demokratien vor allem wegen übertriebener Kohärenz in Gefahr geraten, also wegen einer zu großen direkten Teilhabe der Menschen an den öffentlichen Angelegenheiten. Wenn der Wohlfahrtsstaat nicht ihre Sympathie genießt, so nur, weil in ihm die wechselseitige Durchdringung von Ökonomie und Politik ein besorgniserregendes Ausmaß annimmt. Jedoch schlägt sie keine Strategie der »Komplexitätsreduktion« vor. Im Gegenteil: Wenn im Bereich der Technik die Kompetenz rigoros Gültigkeit haben muß, so kommt der Sphäre des politischen Handelns zu, jede erdenkliche Differenz zu betonen, d.h. die »Komplexität« der Meinungen zu gewährleisten und zu befördern.

Die zum Beruf gewordene Politik und die damit korrespondierende politische Apathie des zum Wähler degradierten Bürgers sind regelrechte Immunschwächen der Demokratie. So wird der Boden bereitet für Ideologien und entsprechende Organisationen, die die demokratische Legitimation mehr oder weniger explizit für eine Art geistige *Schwindsucht* oder eine Art mathematischen Aberglauben halten. Und auf den Trümmern der Demokratie wollen sie die neuen Ordnungen errichten, mit allen dazugehörigen Wundern wie dem Neuen Menschen und anderen unbeschriebenen Blättern, die später mit den Legenden von der kosmischen Bestimmung einer Rasse, einer Religion oder einer Klasse beschrieben werden sollen.[25]

Das ist, gemessen an den heute gängigen Vorstellungen, eine überholte Argumentationsweise. Es lohnt aber dennoch, die wesentlichen Abschnitte genauer herauszuarbeiten, um die ar-

25 Bekanntlich hatte auch Mao Tse-tung in der Kulturrevolution die Idee, China zu einem »unbeschriebenen Blatt Papier« zu machen.

gumentative Kraft – sagen wir ruhig: den Realismus – hervorzuheben, die in dieser, vom Standpunkt einer wirklichen demokratischen Position aus formulierten Kritik am Berufspolitikertum steckt.

Wohlgemerkt, die Demokratie ist ein Ideal, das niemals vollständig erreichbar sein wird. Damit es nicht in einem *flatus vocis* sein Leben aushaucht, muß dieses Ideal wenigstens als Kriterium eine Funktion besitzen. Mit seiner Hilfe können konkrete politische Organisationen und ihre Annäherung an den Idealtypus beurteilt werden. Das demokratische Ideal ist gewiß eines, das uns viel abverlangt. Es gibt so zahlreiche Legitimationsmöglichkeiten für eine Herrschaft.[26] Und den jeweiligen Begründungen entsprechen im übrigen jeweils bestimmte politische Herrschaftsformen oder Machtorganisationen. Die Demokratie gehört zur Gruppe der Formationen, die kraft ihrer *Legalität* legitimiert sind, aber sie zeigt dann in dieser Gruppe unverzichtbare Besonderheiten.

»Was verstehen wir unter Politik? Der Begriff ist außerordentlich weit und umfaßt jede Art selbständig *leitender* Tätigkeit.«[27] Für eine Demokratie ist es unabdingbar, daß in der Politik *jeder Einzelne* Subjekt dieser autonomen Leitungstätigkeit ist. Ein jeder muß sich selbst gehorchen, denn die Autonomie des Willens ist der Schlüssel für die gesamte Argumentation. Eine heteronome Aktivität ist nicht mehr politisch, sondern technisch-instrumentell Regeln unterworfen, denen gegenüber die eigenen Meinungen ohnmächtig sind. In diesen Termini stellte sich im übrigen das Problem der Demokratie seit Rousseau. »Finde eine Form des Zusammenschlusses, die mit ihrer ganzen gemeinsamen Kraft die Person und das Ver-

---

26 Vgl. Max Weber, *Gesammelte Politische Schriften,* Stuttgart 1980, S. 507
27 Ebd., S. 505

mögen jedes einzelnen Mitglieds verteidigt und schützt und durch die doch jeder, indem er sich mit allen vereinigt, nur sich selbst gehorcht und so frei bleibt wie zuvor«, lautet die anspruchsvolle Aufgabe, die im 6. Kapitel des ersten Buches über den *Gesellschaftsvertrag* gestellt wird.[28]

Freiheit ist vor allem Autonomie des Willens. Der Philosoph Hans Kelsen bejaht eine sehr weitgehende Metamorphose der demokratischen Ideale, damit diese praktikabel werden, und meint weiter, auch das Mehrheitsprinzip aus der Idee der Demokratie – und nicht aus dem Gleichheitsideal, wie das gerne behauptet wird – herleiten zu können.[29] Dieses Prinzip ermöglicht es in der Tat, ein Minimum an autonomem Willen zu opfern. Die demokratische Legitimierung erfordert demzufolge, daß alle die Gesetze machen und daß man nur den Gesetzen Gehorsam schuldet. Mit anderen Worten: Die Macht muß in den Händen aller liegen. Wohlgemerkt, dies ist nicht die einzige Form von Legitimität und noch nicht einmal die einzige der »legalen« Herrschaftsformen. Und es ist nicht einmal gesagt, daß sie die zu bevorzugende ist – und noch viel weniger, daß sie die »rationalste« Herrschaftsform ist. Die behauptete »Rationalität« ist, soweit sie die logische innere Kohärenz übersteigt, nichts weiter als ein immer wieder vorgetragener, naturrechtlich inspirierter Aberglaube. In dieser Hinsicht ist Kelsen bis heute unübertroffen.

Die Entscheidung für die Demokratie ist letztlich eine ebenso irrationale Entscheidung wie alle anderen auch. Hat man sie aber einmal getroffen, dann schafft sie Verpflichtungen und erfordert eine gewisse Kohärenz. Niemand darf beherrscht, d.h. der eigenen Meinung beraubt werden, die sich in Form des

28 Jean-Jaques Rousseau, *Vom Gesellschaftsvertrag. Grundsätze des Staatsrechts*, Stuttgart 1977, S. 17
29 Hans Kelsen, *Vom Wesen und Wert der Demokratie*, Köln 1981

politischen Handelns ausdrückt; und genau dadurch entsteht Teilhabe an der Macht. Man beachte: *Teilhabe an* . . . Das bedeutet eben nicht einfach eine Verteilung an alle, sondern daß alle Teil haben, was bei der *Teilung*, bei den parteilichen Standpunkten und Meinungen beginnt, die naturgemäß nicht auf »Objektivität« und Verbindlichkeit für alle zielen, wie das im Wesen der Objektivität liegt. Demokratie bedeutet Teilung, Parteilichkeit und bewußte Parteinahme. Mit anderen Worten: Demokratie impliziert Parteien.

Der Widerstand gegen die Parteien und die Kritik an ihnen geht traditionellerweise von antidemokratischen Positionen aus und wird durch zumeist organizistisch gefärbte Philosophien abgestützt. In dieser Perspektive stellt Hannah Arendts Kritik an der Parteienherrschaft eine einzigartige Ausnahme dar. Den Parteien und der Professionalisierung des politischen Lebens wird der sich beschleunigende Niedergang des Geistes der Parteinahme, des individuellen Standpunktes und der Meinung als Differenz vorgehalten.

Meinungen organisieren und gruppieren sich nach Wahlverwandschaften, um dadurch an Gewicht zu gewinnen und – das steht noch aus – um sichtbar zu werden und die Ohnmacht zu übersteigen, die normalerweise die vereinzelte Meinung lähmt. Dennoch darf man nicht außer acht lassen, wie sehr die Meinung und ihre Wirkungsweise durch das Organisieren verkehrt werden. Es handelt sich um zwei Aspekte ein und desselben Prozesses, denn jede Meinung bildet sich immer im Kontakt mit anderen und nimmt folglich etwas von deren Wirken an.

Sich zu organisieren, sich als Teil zu erkennen und sich als Partei zu formieren – all dies geschieht, um die eigene Autonomie zu *verwirklichen*, wirklich und wirksam werden zu lassen. Aber ihr auf diese Weise Gewicht zu verleihen, bedeutet auch eine Erstarrung. Die Vielfalt wird auf Einheit zurückgeführt, die Pluralität wird durch Identität ersetzt. In jedem Fall geht etwas verloren. Das Wollen der Einzelnen verwandeln sich in *den* Willen der Partei. Das ist eine mit hohen dialektischen Risiken belastete Metamorphose. Möglicherweise ist am Ende dieser Metamorphose das konkrete Subjekt, das Individuum, das der Organisation Leben einhauchte, um der autonomen eigenen Meinung mehr Kraft zu verleihen, zu einem Aperçue, einem nebensächlichen Prädikat dessen verkommen, was es selbst hervorgebracht hat und was jetzt die ganze Szene als das einzige wirkungsvolle Subjekt beherrscht: die Partei. Leider ist diese Befürchtung keine philosophische Spitzfindigkeit; bereits viele Male hat es sich genau so zugetragen, oft genug als Tragödie.

Die Organisation stellt auch noch unter einem weiteren Gesichtspunkt eine Unterschlagung des freien Willens dar. Sie »vereinfacht« nicht nur den Willen desjenigen, der sich organisiert (unterschlägt also zumindest teilweise dessen Willen), sondern stellt auch jenen Willen (als Unterlegenen) ins Abseits, der autonom bleiben will und es für ein übertriebenes Opfer hält, sich auf den kleinsten gemeinsamen Nenner zu reduzieren. Wer sich nicht organisiert, ist *verloren*, und das ist wortwörtlich zu nehmen. Die organisierte Meinung ist das monopolistische Endstadium der auf Meinung basierenden Organisation. In der Praxis fallen die Meinungen außerhalb der Organisation einfach weg. In Wirklichkeit ist dieses Monopol ein *Oligopol* und daher Pluralismus. Dennoch ist der Staatsbürger als Handlungsträger verschwunden. Jetzt erscheint er als Funktionär (der Meinungen vorbringen kann) oder auch als Wähler (der die Meinungen anderer teilen und ihnen zustimmen oder sie ablehnen kann).

7.

Überlegungen dieser Art genießen normalerweise einen schlechten Ruf, vielleicht deshalb, weil sie bereits von Rousseau mit dem Ziel formuliert worden sind, die *volontée générale* und deren korrekte Ausformung zu schützen (und den Willen der Einzelnen diesem Ziel unterzuordnen).[30] Es bleibt dabei jedoch die Tatsache bestehen, daß die Partei, in welcher sich der freie und autonome Wille und die Meinung organisieren, strukturell ambivalent bleibt. Sie kann dem politischen Handeln des Staatsbürgers mehr Wirksamkeit verschaffen, also ein Mittel zu seinen Diensten sein, aber sie kann die Bürger auch vom politischen Handeln ausschließen. Das wird dann der Fall sein, wenn die Parteien dem Staatsbürger nur noch die Möglichkeit lassen, sich als Wähler zum Instrument und Mittel eben der Partei zu machen.

Wohin die Waage sich neigt, das ist unter den Bedingungen der Moderne unschwer zu erkennen. Der Entzug von Autonomie, der die Meinung der Gruppe genau in dem Maße verstärkt, wie er die Meinung des Einzelnen reduziert, also entpersonalisiert, wird immer weniger vorläufig und vorübergehend, d.h., er wird auf eine klar umschriebene Zielsetzung begrenzt. Die Koalitionen unter den Bürgern zur Erreichung eines Zieles – was das Ziel eines jeden Einzelnen bleibt – sind stabile Organisationen geworden, die inzwischen vor allem anderen zu einer vollständigen *Professionalisierung* des politischen Handelns geführt haben. Jetzt geht es darum, diese einschneidenden Veränderungen in all ihren Konsequenzen zu ermessen.

Die Wesentlichste besteht in der »Spaltung der wahlberechtigten Staatsbürger in politisch aktive und politisch passive

30 Rousseau, a.a.O., S. 30-32

Elemente«[31]. Diese Unterscheidung gründet sich jedoch nicht auf einen »Akt des freien Willens«. Vielmehr ist der Willensentscheid ausschließlich auf die Alternativen innerhalb des Systems beschränkt, allein schon deshalb, weil die zum Beruf gewordene Politik und das Monopol der Parteien auf das öffentliche Leben als unüberwindbar angesehen werden.

Noch wichtiger ist allerdings folgendes: Der Professionalisierung des politischen Handelns entspricht sowohl bei den »aktiven« wie bei den »passiven« Staatsbürgern die radikale Auflösung der Meinung – respektive der Meinungen – als Beweggrund und Faktor des politischen Handelns. Auf den ersten Blick hat das Parteienmonopol einen einzigen Nachteil: Die Bürger, die jetzt nur noch Wähler sind, können Meinungen nur teilen, einzig die Parteien können sie formulieren. Bei genauerem Hinsehen entdeckt man jedoch, daß die Meinung allgemein (die des Vortragenden wie die desjenigen, der sie teilt) aufhört, überhaupt irgendeine Rolle zu spielen. Natürlich wird sie in den Wahlprogrammen hervorgezogen, aber nur zum Schein.

Die Elemente für eine solche unerbittliche Analyse hat Max Weber bereits vollständig geliefert. In der Realität trifft es nicht zu, daß jemand, der Mitglied oder Anhänger einer Organisation ist, durch den Verzicht auf *Details* seiner eigenen Meinungen der *Substanz* seiner Meinung mehr Gewicht verleihen will. Die Logik und Beweggründe für die Anhängerschaft verraten eine ganz andere Natur. Es handelt sich nicht um die Autonomie des Wollens oder Restbestände von eigener Meinung, sondern um *Treue und Gefolgschaft*. In der »Hingabe der Gehorchenden an das rein persönliche ›Charisma‹ des ›Führers‹ [...] wurzelt der Gedanke des *Berufs* in seiner höchsten

---

31 Weber, a.a.O., S. 529

Ausprägung«[32]. Das Parteimitglied ist also vor allem treuer Gefolgsmann, seine Devise ähnelt jenem »perinde ac cadaver« der Jesuiten, und die Tugenden, die Ignatius hochhielt, haben, wie allseits bekannt, recht wenig mit der (aufklärerischen? – die zunehmend pejorative Verwendung dieses Adjektivs stört und entmutigt mich) Pflege der freien Meinung zu tun.

Es geht also um Treue versus Autonomie. Die Entgegensetzung könnte nicht schroffer sein. »Seiner Person und ihren Qualitäten aber gilt die ganze Hingabe seines Anhanges: der Jüngerschaft, der Gefolgschaft, der ganz persönlichen Parteigängerschaft.«[33] Personenkult und Kult der Organisationsmaschine schließen sich keineswegs aus. Im allgemeinen bestärken sich Partei und »leader« gegenseitig.

Ist der Prozeß, der die Politik in einen regelrechten Beruf verwandelt, einmal abgeschlossen, dann entschwindet für den Politiker, der nun voll und ganz zum Parteimenschen geworden ist, jede Möglichkeit der Autonomie. Dort, wo sie aufscheint, handelt es sich um blanken Voluntarismus. Materiell und symbolisch hängt der Berufspolitiker praktisch von Anfang an und in jeder Hinsicht von seiner Partei, dem »leader« und dem »Apparat« ab; dies beginnt bereits zu dem Zeitpunkt, da er noch als Heranwachsender anfängt, sich mit dieser Welt zu befassen.

Jegliches Legitimitätsprinzip hat sich stillschweigend verflüchtigt. Parallel dazu, daß die Politik sich in einen Beruf verwandelt, wird die Legalität durch die persönliche Treue ersetzt; durch die Loyalität gegenüber dem Apparat oder dem Führer, als Personifizierung der Partei, denn die Partei ist ja die Hüterin der eigenen politischen Identität. Es ist klar, daß immer

32 Weber, a.a.O., S. 508
33 Ebd.

dann, wenn das Wohl der Partei auf dem Spiel steht, die Prinzipienlosigkeit zur Bürgertugend par excellence erklärt wird und nicht etwa die Respektierung der Gesetze. Dies betrifft besonders den politisch Aktiven, der inzwischen zum Unternehmer geworden ist. Es nimmt also nicht wunder, daß der passiv Politische kein Interesse mehr aufbringt für die jeweiligen Meinungen und für den Grad an Übereinstimmung zwischen seinen eigenen und denen einer Partei, die ja doch nur Fassade sind. Seine Wahlentscheidung wird durch andere Faktoren bestimmt: Vorteile, Begünstigungen usw., kurz, es herrscht die Logik des Klientelismus. »In der Massengesellschaft wird das Votum aus Überzeugung immer seltener: Ich möchte die Behauptung wagen, die einzig wahre Überzeugung ist die jener Personen, die nicht wählen, weil sie begriffen haben oder glauben, begriffen zu haben, daß die Wahlen ein Ritus sind, dem man sich nicht entziehen kann, ohne schweren Schaden zu nehmen – und wie alle Riten, nur als Beispiel die Sonntagsmesse, stellen sie letztlich eine Belästigung dar.« Das sind die Worte eines überzeugten und wirklichen Liberaldemokraten.[34] Der Politiker ist zum Berufstätigen geworden, und im gleichen Maße ist auch der Staatsbürger schlicht ein Berufstätiger (in irgendeiner Sphäre der Gesellschaft); in der Sphäre der Politik ist er in die Passivität gedrängt und auf den Rang eines Wählers herabgewürdigt. Was Wunder also, wenn Leidenschaft und Zukunftsprojekte trostlose Zeiten erleben. Bedingung und Logik der Gesellschaft (von ihrer Zielsetzung her keineswegs zu verachten) sind in der Tat die Interessen.

Der Politiker, der inzwischen zum Berufspolitiker geworden ist, kann sich die Bestätigung der *eigenen* Meinungen gar nicht

34 Norberto Bobbio, *Il futuro della democrazia*, Einaudi, Turin 1984, S. 137. In der deutschen Ausgabe *Die Zukunft der Demokratie*, Berlin 1988, fehlt der entsprechende Aufsatz (»Contratto e contrattualismo nel dibattito attuale«).

mehr zum Ziel setzen. Geschähe dies dennoch, so würde es sich um eine rare Ausnahme, ja fast um eine Frivolität handeln. Der berufsmäßige Charakter zwingt auch der Politik ihre Regeln auf. Die Wahrnehmung der staatsbürgerlichen Funktion war streng getrennt von den jeweiligen gesellschaftlichen Tätigkeiten bzw. von der sozialen Identität. Sie stand allen offen. Als Beruf wird die Politik dagegen selbst zur Identität, zur Karriere. Die »Professionalität« – das kann man nicht genug hervorheben – ist vor allem anderen ein negativer Charakterzug. Außerhalb und ohne die Politik ist der Berufspolitiker gar nichts. Die Politik ist der berufsmäßige Horizont seines ganzen Lebens. Seine eigene Macht zu konsolidieren und zu vergrößern (vollkommen unabhängig von Überzeugungen), stellt den spezifischen Inhalt dieses Berufs dar, genau wie die Vermehrung der Goldmünzen den einzigen beruflichen Daseinszweck von Shylock. Der Politiker fürchtet exakt das, was jeder Unternehmer fürchtet: daß er aus dem Markt geworfen, in der Hierarchie zurückgestuft oder gar entlassen werden könnte.

Der Politiker muß daher *zwangsläufig* die eigene Organisation stärken. Sie ist sein Werkzeug, sein Hilfsmittel, mit dem er sich Rückhalt besorgt. Ist der Apparat stark, so verfügt er über Ressourcen, die später verteilt werden können: Aufgaben und Ämter. Die Tendenz zur Vervielfältigung der Ressourcen, deren »Verteilung« in der Praxis den Parteien zufällt, findet hier ihren Ursprung. Weniger Ämter, weniger Apparat, weniger *Chancen* auf Zustimmung. Und umgekehrt. Dies entspricht der perversen zyklischen Logik, wie sie für alle Parteien, alle Apparate und alle Menschen gilt, die sich der Politik als Profession widmen. »Heute sind es Ämter aller Art in Parteien, Zeitungen, Genossenschaften, Krankenkassen, Gemeinden und Staaten, welche von den Parteiführern für treue Dienste vergeben werden.«[35] Es folgen Beispiele aus den verschiedensten Ländern, eine genaue Bestandsaufnahme mit zum Teil grotesken Details (sogar die Stellen der »Postboten« werden auf diese Weise »politisch« verteilt).

Da ist es klar, daß die Ideen und die Ideale immer schwächer werden, »daß ganz gesinnungslose Parteien einander gegenüberstehen, reine Stellenjägerorganisationen, die für den einzelnen Wahlkampf ihre wechselnden Programme je nach der Chance des Stimmenfangs machen – in einem Maße wechselnd, wie dies trotz aller Analogien doch anderwärts sich nicht finde«[36]. Auch die Bezeichnung Chamäleon wäre dafür nur eine schwache Metapher. Man muß Max Weber häufiger lesen, auch in den Abschnitten, die (heute aktueller denn je) wie eine Kritik der gegenwärtigen Zustände klingen, eine Kritik an einer Demokratie, die, nachdem sie zum Beruf verkommen ist, aus dieser Metamorphose korrumpiert und geschwächt hervorging.

Wenn überhaupt, dann besteht Max Webers Irrtum in der Hoffnung auf »die Entwicklung des modernen Berufsbeamtentums zu einer spezialistisch durch langjährige Vorbildung fachgeschulten, hochqualifizierten geistigen Arbeiterschaft mit einer im Interesse der Integrität hochentwickelten ständischen Ehre« als Gegengewicht zu den Verfehlungen der Parteipolitik.[37] Als Ziel wäre das zweifellos sehr wünschenswert, aber Weber ist davon überzeugt, »rein technische, unabweisliche Bedürfnisse der Verwaltung [bedingten] diese Entwicklung«[38]. Die Politik als Beruf würde also einerseits schwere Defekte hervorbringen, nämlich die Berufspolitiker in den Parteien, aber auch Gegenmittel, eben den Berufsbeamten als loyalen

---

35 Weber, a.a.O., S. 515f.

36 Ebd., S. 538

37 Ebd., S. 516f.

38 Ebd., S. 517

Staatsdiener. Gemessen an dem tatsächlichen Gang der Dinge war das eine allzu optimistische Vorhersage. Ein stichhaltiger Grund, warum die Parteien davon Abstand nehmen sollten, Ämter jeder Art in den Gemeinden und beim Staat nach Maßgabe der Treue zu verteilen, warum sie sich die Bürokratie nicht mehr unterordnen und zu ihren Gunsten aufteilen sollten, ist nicht zu erkennen.

Weber unterstellt als überall wirksame historische, quasi deterministische Tendenz, was in Wirklichkeit seine und die Wunschvorstellung aller ist, die in einer demokratischen Republik leben. Einmal abgesehen davon, daß dieser Wunsch auch Pflichtbestandteil eines jeden Parteiprogrammes ist und daß er partiell vielleicht in Deutschland und nicht nur dort in gewissen historischen Momenten Wirklichkeit war. Das entspringt einem ganz und gar deterministischen Verständnis. Es ist Webers tiefste Überzeugung, daß es sich hierbei um eine Tendenz handelt, »ohne welche die Gefahr furchtbarer Korruption und gemeinen Banausentums als Schicksal über uns schweben und auch die rein technische Leistung des Staatsapparates bedrohen würde«[39]. Irgendwie wird man den Eindruck nicht los, dies beträfe die Debatten um die politische Moral in der jüngsten Geschichte Italiens ganz unmittelbar. Webers Einsicht ist unzweideutig: Ohne eine hochqualifizierte, nicht einschüchterbare Bürokratie mit einem klaren Ehrgefühl, die sich unerschütterlich am öffentlichen Wohl orientiert, würde das Berufspolitikertum eine erschreckende Korruption und eine sich ausbreitende Niedertracht ins Werk setzen. Seine Einsicht ist zwingend, sofern sie ein Bedürfnis formuliert, ein »Muß« für die Demokratie und folglich eine Hoffnung (oder, wenn man so will, eine Aufgabe). Bei Weber aber wird die Zwangs-

39 Ebd., S. 516f.

läufigkeit dann in einer ganz anderen Bedeutung gefaßt: nicht als ein *Sollen*, sondern als ein *Müssen*, als eine realiter sich vollziehende Zwangsläufigkeit, die bereits dem Lauf der Dinge eingeschrieben ist. Hier ist Weber, und das ist eine der ganz großen Ausnahmen, die eben schon deshalb Erwähnung verdient, sehr wenig weberianisch.

8.

Man kann schwerlich die Behauptung aufstellen, Hannah Arendts Kritik am Parteiensystem sei voreingenommen oder unehrlich. Sie trifft genau ins Schwarze, wenn sie die herausragenden Charakteristika der modernen Partei in der autokratischen und oligarchischen Struktur, dem Fehlen innerer Freiheit und Demokratie, in der Tendenz zur »Totalisierung« und der angeblichen Unfehlbarkeit sieht. Wenn überhaupt, dann nimmt es wunder, daß Arendt für die amerikanischen und englischen Parteien eine Ausnahme macht. Sie hat sogar ein leichtes Spiel, wenn sie ihren Kritikern den Vorwurf des Romantizismus und des mangelnden Realitätssinns zurückgibt, mit dem man ihre Vorliebe für eine Demokratie ohne Berufspolitiker und ihre Option für räteförmige Institutionen zu treffen sucht. Sie unterstreicht nämlich, daß es ausgerechnet die Parteienlogik war (mit den Verkehrungen, die bereits Weber hervorgehoben hatte), die dem Vormarsch des Totalitarismus zwischen den beiden Weltkriegen den Weg bereitete. Und nicht nur das: Diese – offensichtlich ungewollte – »Vorbereitung« findet ihre Erklärung in der Tatsache, daß der Totalitarismus die Zerstörung der persönlichen politischen Identität des Bürgers vollendet, die von den Parteien schon in Gang gesetzt worden war.

Es ist also ein Gebot des Realismus anzuerkennen, daß einzig ein »republikanisches« Ethos, eine verbreitete Leidenschaft, sich mitzuteilen und politisch zu handeln, einen wirklichen Damm gegen die Risiken des Autoritarismus und dann des Totalitarismus darstellen.[40] Die Politik als Beruf und das sich aus ihr ergebende Monopol der Parteien auf das öffentliche Leben zerstören das Handeln und verwandeln es in die Umsetzung vorgegebener Aufgaben; an die Stelle des Handelns, also einer freien Entscheidung, die aus den unterschiedlichen Meinungen resultiert, setzen sie eine Verwaltungslogik (ein Ideal von Marx und Engels im übrigen).[41] So wird jeder Opposition die Legitimation entzogen, denn »das Prinzip der Opposition kann nur solange gültig bleiben, als es echte Alternativen gibt, zwischen denen entschieden werden muß und die sich nicht objektiv durch Experten erledigen lassen«[42]. Diese *objektiven Expertenmeinungen* sind natürlich eine contradictio in adjecto. Dort wo eine administrative Logik herrscht, verliert die Formulierung abweichender Meinungen ihren Sinn und ist reiner Zeitverlust. Nun meint Hannah Arendt, Entscheidungen im gesamten Bereich der Ökonomie und in der Gesamtgesellschaft müßten der Technik und der Kompetenz überlassen bleiben. In der Wissenschaft, der Technik, der Kunst und der Lehre könne und dürfe das Prinzip der Demokratie keine Anwendung finden. Anwenden der Demokratie würde bedeuten, die ihr eigenen Grenzen zu überschreiten, denn ihr Gebiet ist die Politik – und das würde nur Entfremdung produzieren.

---

40 Dieser Standpunkt Hannah Arendts ermöglicht eine treffende Kritik an den Thesen von K. D. Bracher, die er in *Zeit der Ideologien. Eine Geschichte des Denkens im 20. Jahrhundert*, Stuttgart 1982, vorbringt.

41 Hannah Arendt, *Über die Revolution*, München 1974, S. 350

42 Ebd., S. 351

Die Reduktion des freien politischen Handelns auf technisches Verwaltungshandeln ist unvermeidlich, wenn die Politik zum ausschließlichen Beruf wird und damit demjenigen entzogen wird, der sich als Staatsbürger nur in seiner freien Zeit der Politik widmen und sie nur als *bricolage* leben kann. Und man muß mit demselben Nachdruck unterstreichen, daß diese Reduktion auch den Gedanken enthält, Opposition sei ein überflüssiger Luxus, ein Hindernis, das rasch beiseite geräumt werden muß. Mit anderen Worten: Die Idee, es gäbe ein objektives Wissen in der politischen Sphäre, birgt in sich bereits die Übertragung der gesamten Macht an einen Alleinherrscher, der den Schlüssel zur historischen Dialektik besitzt oder anderweitig einen besonders engen Draht zum Allmächtigen besitzt. Sie löscht also die Vielfalt und die Freiheit der Individuen, die Politik »machen«, aus. Zu ihrem Besten, natürlich.

Hannah Arendt beobachtet das Universum des Politischen, das inzwischen dem Parteienmonopol in die Hände gefallen und ein Beruf wie jeder andere auch geworden ist, ganz nüchtern und folglich auch sehr scharf und genau. Unter diesem Gesichtspunkt stellt sie in den Grundzügen dieselbe Diagnose wie Max Weber. Aber sie will darüber hinaus aufzeigen, wie man sich dem Unglück, das über dieser Diagnose zu liegen scheint, entziehen kann. Max Weber hatte jenes Unglück zu bitterem Pessimismus hinsichtlich des demokratischen Prinzips selbst und zu einer melancholischen Nostalgie für eine elitäre Vergangenheit veranlaßt, die leider nie mehr wiederkommen würde. »Diesem idyllischen Zustand der Herrschaft von Honoratiorenkreisen und vor allem: der Parlamentarier, stehen nun die modernsten Formen der Parteiorganisation scharf abweichend gegenüber. Sie sind Kinder der Demokratie, des Massenwahlrechts, der Notwendigkeit der Massenwerbung und Massenorganisation.«[43]

Eben diese Reduktion der Demokratie auf nichts als das Wahlrecht für die Massen ist in Hannah Arendts Augen Ursache für die fortschreitende Verarmung, den Niedergang und folglich auch die Schwächung des politischen Lebens. Und da das Wahlrecht (eine Art »passive« Staatsbürgerschaft, wie wir gesehen haben) die Kehrseite der Transformation der Politik in einen Beruf ist, kann man die Hypothese wagen, daß ein Wiedererstehen der Demokratie von einer *Deprofessionalisierung* der Politik und einer *Entparteilichung* des öffentlichen Lebens ausgehen muß. Wenn die plebiszitäre Degeneration an die Professionalisierung des politischen Handelns gebunden ist, dann erscheint es nur logisch, *beide* Phänomene zu bekämpfen.[44]

Mit anderen Worten, es handelt sich um eine Art Bestandsaufnahme der notwendigen Rahmenbedingungen, die ermöglichen sollen, daß das politische Feld wenigstens tendenziell von Staatsbürgern und nicht von Berufspolitikern besetzt wird. Weber hat zwei Voraussetzungen unterschieden: *für* die Politik leben oder *von* der Politik leben.[45] Ist die Alternative so gestellt, besteht die einzige Chance, den Verfehlungen des Parteienmonopols, also dem marktschreierischen und allseitigen Triumph derer, die *von* der Politik leben, zu entgehen in der Vision von einer realistischerweise (das kann nur eine romantische Nostalgie sein) nicht haltbaren »plutokratische[n] Rekrutierung der politisch führenden Schichten«[46]. Die beiden Extreme der Alternative schöpfen jedoch das Feld der Möglichkeiten nicht aus. Ordnungen zu ersinnen, die den Bürgern die Politik zu-

43 Weber, a.a.O., S. 532
44 Ebd., S. 533
45 Ebd., S. 513
46 Ebd., S. 514

rückgeben oder zumindest die Realität an jenes Ideal anzunähern suchen (wobei das immer auch vorbeugende Maßnahmen sind gegen mögliche totalitäre Folgen), scheint nicht »utopischer« als dem Anstand und Ehrgefühl der in Ausschreibungen ausgewählten Staatsbürokratie thaumaturgische Fähigkeiten zuzuschreiben, was jene, von Max Weber so treffend charakterisierte, dem »Apparat« oder dem »leader« unterworfene Politik anbetrifft.

Wer die Reduktion der Politik zum Beruf bekämpfen will, muß zuallererst Prozeduren ersinnen, die den Berufspolitikern keine Vorteile gegenüber dem Staatsbürger verschaffen, der in der Politik ein *bricoleur* ist. Idealtypisch wird niemand die Politik zu seinem Eigentum machen wollen, wenn das nur in bescheidenem Umfang lohnt. Das Ideal wäre also, daß jeder Bürger eine Art *entwurzelter Kleriker* ist und daß die Formulierung der persönlichen Identität (und logischerweise der *Differenz* der je eigenen Meinungen) Vorrang hat vor der Gruppenidentität und stärker ist als die Einzelinteressen, die von jedem Mitglied der Gesellschaft legitimerweise verfolgt werden.

Sehen wir uns näher an, was daraus folgt. *Eine* Voraussetzung ist die breite Streuung relativen wirtschaftlichen Wohlstands. Hannah Arendt weist an vielen Stellen mit Nachdruck darauf hin, daß die Armut genauso gut wie eine Kultur, die allzusehr am *Status* orientiert ist, die »soziale Frage« zum alles beherrschenden Problem machen wird und fast unvermeidlich die Ökonomie in die Politik überschwappen läßt, was den Niedergang letzterer bewirkt. In dieser Hinsicht ist es, wenn überhaupt, ein innerer Widerspruch bei Arendt, wenn sie meint, ihre Konzeption von Politik sei frei von sozialen Voraussetzungen, während sie doch implizit ein Gleichheitsideal postuliert, das auf einem relativen Wohlstand basiert, bei dem die Unterschiede im Einkommen abgeschliffen sind.

Sodann muß ein recht hohes und weit verbreitetes kulturelles Niveau vorausgesetzt werden, denn ohne ein solches bliebe die Autonomie der Entscheidung nur eine hohle Phrase. Gleich danach kommen die Wahlverfahren, die entscheidend dazu beitragen, das liberale und demokratische Ideal gleicher Ausgangs*chancen* wirksam werden zu lassen. In allen »realexistierenden« Demokratien wird genau das aber vernachlässigt. Man benötigt jedoch nicht nur strenge (und auch tatsächlich wirksame) Kontrollen der Wahlkampfkosten, sondern auch *Dienstleistungen*, die allen Kandidaten in gleichem Maße zur Verfügung stehen, damit sie sich *vorstellen* können. Das allerdings ist unter rein technischem Gesichtspunkt heute vielleicht noch am ehesten zu realisieren, denn Radio und Fernsehen sind längst zu den alles beherrschende Medien geworden.

Im Kern geht es darum, Spielregeln für die Partizipation, den Wettstreit, die Information und die Kontrolle zu formulieren, die den individuellen Reichtum, die Verfügbarkeit von Zeit und die Ressource »Organisation« überflüssig machen oder doch weitgehend ausschalten. Der »Realist« erhebt sofort zwei Einwände. Schließt man zum einen, wie dies Hannah Arendt ganz kategorisch tut, eine zwangsweise Angleichung in der Gesellschaft aus, dann werden die ungleichen Tätigkeiten in diesem Bereich unweigerlich ungleiche Ausgangsbedingungen für den politischen Wettstreit und für die Auseinandersetzung um Meinungen und Projekte erzeugen. Selbst wenn man den Faktor Reichtum außer acht läßt, dann bieten einige Berufssparten mehr zur Verfügung stehende Zeit als andere. Zum anderen, so der zweite Einwand, ermöglichen einige Berufsgruppen – und es sind meist nur bestimmte und immer dieselben –

einen besseren Zugang zu Wissen und Kompetenz. Nicht grundlos vermerkte bereits Weber, daß Anwälte und Journalisten einen beträchtlichen Teil des politischen Personals stellen.

Der Einwand ist jedoch einzig dann berechtigt, wenn es um die Voraussetzungen geht, die dazu führen, daß die Politik zu einem Beruf wird. Und das soll hier ja gerade in Frage gestellt werden. Der Einwand wird dort hinfällig, wo es darum geht, dies grundlegend zu verändern. Die Diskussion über die Kompetenz ist im übrigen schon für die augenblicklichen Verhältnisse schief. Soweit es nämlich die Kompetenz anlangt, hat die Politik in ständig zunehmendem Maße weder Hand noch Fuß. Heute erleben vor allem die Wähler und nicht so sehr die Berufspolitiker und die Parteioligarchien diese Situation mit wachsendem Unbehagen, denn sie werden faktisch von allen Entscheidungen ausgeschlossen, die eigentlich ein öffentliches Gut zu sein hätten.

Umso wichtiger ist die Diskussion bezüglich der Ungleichheit der zur Verfügung stehenden Zeit. Jede Lösung, bei der alle Beteiligten große Margen an freier Zeit von der Arbeit abziehen müssen, ist kaum realistisch. Keineswegs utopisch sind jedoch Lösungen, die das Problem von der entgegengesetzten Seite angehen; die also Regeln gegen Ämterhäufung festlegen, sowie die Nicht-Wiederwählbarkeit bei Ablauf eines Mandats und lange Zwischenräume zwischen der Wahrnehmung von verschiedenen Typen von Ämtern (Parlamentsabgordneter, Gemeinderat etc.). Es versteht sich von selbst, daß in diesem Sinne auch mit der Vorstellung aufgeräumt werden müßte, es handle sich bei den politischen Parteien um private Vereine, die jeder Regel und jeder Kontrolle entzogen wären. Das ist zweifellos ein außerordentlich heikles Thema, aber es scheint – technisch gesehen – lösbar.

Bereits Weber machte sich respektlos über die Abgeordneten lustig, die »normalerweise nichts anderes als gut disziplinertes Stimmvieh sind«[47]. Angesichts der heutigen Degenerationen ist vollständig klar, daß die traditionelle Charta der Menschen- und Bürgerrechte nicht hinreicht, wird sie nicht durch eine entsprechende Charta für die Rechte des Abgeordneten, des Wählers, des Kandidaten und des Parteimitglieds ergänzt. Kurz, auch das Parteimitglied bedarf gegenüber seiner Partei gewisser Garantien wie der Abgeordnete gegenüber den Funktionären usw. Überläßt man das System sich selbst, dann bewegt es sich allem Anschein nach in die entgegengesetzte Richtung.

Was hier angedeutet wurde, sind rechtstechnische Verfassungserwägungen, ein Gebiet, auf das Hannah Arendt sich nicht begibt. Aber zweifellos liegen sie auf einer Linie mit der Grundintention ihre Analyse. Denn sie nimmt die Idee einer Demokratie für die Individuen, d.h. nach Maßgabe der konkreten Menschen, so wie sie als Einzelne und Unwiederholbare existieren, absolut ernst. Es ist daher nur logisch, daß Arendt all jene Institutionen, die eine unüberwindliche Distanz zwischen »uns« und »ihnen« aufbauen und den Wandel von der *agora* zum *palazzo*[48] besiegeln, für gänzlich ungeeignet hält. An dieser Stelle sei jedoch darauf hingewiesen, daß Hannah Arendt bei ihren Überlegungen von der Sorge getrieben ist, die Demokratie könne in eine totalitäre »Demokratie« umschlagen. Nichts liegt ihr also ferner als eine Position wie die von Rousseau. Verteilung und Fragmentierung der Macht, also: *Teilhabe an der Macht*, stellen für Arendt auch und vor allem eine vorbeugende Schutzimpfung gegen den immer drohenden totalitä-

---

47 Ebd., S. 536

48 »Palazzo« wird im Italienischen als pars pro toto für »die Macht« verwendet. (A.d.Ü.)

ren Bazillus dar, der gleichermaßen die Sphäre des Politischen wie des Privaten zum Verschwinden bringt.

Daher liegt Arendt der Gedanke vollkommen fern, die demokratische Ordnung könne außerhalb ihres eigentlichen Bereichs eingreifen und in einem Feld Vorschriften machen, für das sie überhaupt nicht kompetent ist, nämlich in der Gesellschaft. So insistiert sie unermüdlich darauf, daß in der Ökonomie, der Wissenschaft, der Kunst und der Schule Kompetenz und Wissen – und folglich auch Hierarchie, nicht jedoch Demokratie – die goldene Maßregel zu sein hätten. Ja, im Übermaß ihrer Besorgnis verstrickt sie sich sogar in Widersprüchlichkeiten. Eine rigorose Nichteinmischung der Politik in die Ökonomie klingt in der Tat nach einem ziemlich unvernünftigen Vorhaben. Es ist daher durchaus berechtigt, in diesem Zusammenhang von einer Utopie zu sprechen.

Auch wenn ihre Vorstellungen strenggenommen nicht praktikabel sind, so sollte man doch die Stoßrichtung ihrer Argumentation in methodologischer Hinsicht ernst nehmen, denn sie macht deutlich, daß die Demokratie von zwei Seiten her gefährdet ist: Wenn die Logik der Gesellschaft, also Handel und Gewerbe, d.h. das Privatinteresse, in die Politik einbricht, wie auch, wenn die Logik der Politik, d.h. eine frei gewählte Norm des Daseins, ein *Entwurf*, das Universum der Technik und der Ökonomie seinen Regeln zu unterwerfen trachtet. Jede Ausweitung und Grenzüberschreitung ist negativ. Der Totalitarismus stellt die höchste und vollendetste Form dieser Grenzüberschreitung dar, denn er vernichtet den Einzelnen in zweifacher Hinsicht: als Staatsbürger und Teilhaber der Macht und als private Person.

Wenn die Politik zum Beruf wird, dann ist »der Bürger repräsentiert [...], doch repräsentiert und delegiert können nur

Interessen und die Sorge um die allgemeine Wohlfahrt der Wählerschaft werden, keinesfalls aber ihre Fähigkeit zu handeln oder auch nur ihre Meinungen«[49]. Das ist der Kernpunkt von Arendts offen vorgetragenen Zweifeln am Wohlfahrtsstaat und an jenen Theorien, die man heute als »politisches Tauschgeschäft« bezeichnen würde. Hannah Arendt ist jedoch von der Überzeugung getragen, es sei überhaupt nicht utopisch, sich eine Ordnung vorzustellen, in der die Interessen der Gesellschaft, die in der ihnen jeweils eigenen Sphäre legitim sind, nicht das entscheidende Motiv für die Herausbildung der Meinungen bei den Bürgern darstellen. Sie sollen deren Handeln nicht determinieren. Hannah Arendt meint, die moderne Welt produziere spontan und immer wieder neu diese Tendenz und folglich auch den ununterdrückbaren Anstoß, die Repräsentation als Form der Politik zu überwinden. Sie bezieht sich auf die rätedemokratische Tradition, die eine »seltsame und traurige Geschichte«[50] hat. Bevor wir darauf näher eingehen, ein kleiner Exkurs.

Noch einmal beachte man, daß jener rigoros formulierte Anspruch, das politische Handeln dürfe in gar keiner Weise eine Projektion von Interessen sein, Hannah Arendt zu Ansichten führt, die denen des Marxismus diametral entgegengesetzt sind. Und das gilt für alle Formen des Marxismus, trotz aller historischer Differenzen, die inzwischen in dieser historisch gewordenen Familie Platz haben. Arendts Zugang läßt das marxistische Schema auseinanderbrechen, demgemäß jede Divergenz von geäußerten Meinungen und Positionen in der Produktionssphäre Ausdruck *falschen Bewußtseins* sei. Auch wenn es stimmt, daß jenes schematische Weltbild, das sich aufteilt in

---

49 Arendt, *Über die Revolution*, a.a.O., S. 345f.
50 Ebd., S. 327

eine (soziale) Struktur und einen *entsprechenden* Überbau (Politik, Recht, Ethik, Philosophie, Religion etc.), sich vor allem auf Engels' Marxismus stützen konnte, so trifft doch auch zu, daß bei Marx ohne jeden Zweifel die allerbesten Voraussetzungen dazu bereits angelegt sind.

Nach Marx kann nur ein adäquates – und deshalb auch wirkliches – *Klassenbewußtsein* einen »objektiven« und folglich »wissenschaftlichen« Standpunkt für die Untersuchung der Gesellschaft abgeben. Es räumt den ideologischen Nebel beiseite, der die Erkenntnis der immanenten Logik des historischen Prozesses verhindert. So bleiben einzig die »objektiven« Anschauungen des richtigen Klassenbewußtseins, die sich, da sie mit der »Wissenschaft« übereinstimmen, in einer nahen oder fernen Zukunft verwirklichen werden. Die Zukunft ist unausweichlich, fraglich ist allein die Zeit, die es noch dauert, und die Umwege, die man auf dem Weg dorthin macht (und die noch jedes Terrorregime gerechtfertigt haben). Die Meinungen, die nicht mit der »Wissenschaft« übereinstimmen, die den Interessen der Klassenlage äußerlich bleiben, werden damit automatisch zu Irrtümern, die man einschätzen – und verurteilen – muß, weil es sich um irrationale Phantasiegebäude oder auch um Verrat handelt. Der dogmatische Charakter dieser Konzeption liegt heutzutage auf der Hand, denn die Kritik am Marxismus hat entscheidende Fortschritte gemacht. Dabei gerät jedoch aus dem Blick, daß das Schema von Marx – Meinungen und Interessen müssen einander entsprechen, andernfalls sind die Meinungen nichts weiter als Träumereien und Irrationalismen – in letzter Zeit immer häufiger bei Denkrichtungen auftaucht, die dem Marxismus inhaltlich entgegengesetzt sind, ihn in der Logik aber reproduzieren.

9.

Kehren wir zur Frage der Rätedemokratie zurück. Hannah Arendt geht von der Feststellung einer Tatsache aus. In sehr vielen Fällen, die sich nach den äußeren historischen Umständen deutlich voneinander unterscheiden, tendieren die Bürger ganz spontan dazu, Formen der politischen Beteiligung ins Leben zu rufen, die an Jeffersons Ideal der »elementaren Republiken« erinnern: die »Sektionen« in Paris in einigen Phasen der Französischen Revolution, die Commune von 1871, die Sowjets von 1905 und im Februar 1917 und dann 1921 beim Kronstädter Aufstand, die Räte in Österreich und Deutschland am Kriegsende und schließlich auch die unglaublich schnelle Ausbreitung der Räte in allen gesellschaftlichen Bereichen beim Ungarn-Aufstand von 1956. All dies geschah, und das ist für Hannah Arendt ein zentraler Punkt, trotz des Fehlens jedweder historischer Erinnerung, denn gerade die selbsternannten Revolutionsparteien, in denen sich die Berufsrevolutionäre organisieren[51] und die die extremste und finsterste Form der Professionalisierung politischen Handelns darstellen, verdunklen und zerstören Schritt für Schritt, aber ganz systematisch, eben jene Tradition und die Erinnerung daran. Daraus ergibt sich der Schluß, daß es sich hier um eine spontane, nicht zu unterdrückende und immer wiederkehrende Tendenz handelt. Sie ist in bestimmter Weise den Existenzbedingungen der Moderne inhärent.

Diese Tradition wird nicht so sehr auf den Extremismus der Jakobiner zurückgeführt, wie in der marxistischen Geschichtsschreibung, sondern auf die für Hannah Arendt zumindest in ihren Anfängen beispielhafte Tradition der amerikanischen

---

51 Vgl. zu diesem Thema Luciano Pellicani, *I rivoluzionari di professione*, Vallecchi, Florenz 1975

Revolution. Die Herausarbeitung dieses roten Fadens führt auf historischer Ebene zu einer ganz offenkundigen Verbiegung. Die Idealvorstellungen, die Ziele sowie die konkrete Praxis dieser untersuchten Perioden können keinesfalls auf einen allen gemeinsamen Hauptnenner gebracht werden. Sollte also die Tradition der Räte auf historischer Ebene als Beweis für eine theoretische Hypothese gelten, dann müßte man zugestehen, daß das erwünschte Ziel nicht erreicht wurde. Nun hat Hannah Arendt aber keineswegs im Sinn, einen solchen »Beweis« zu führen. Im übrigen entspricht es ganz generell ihrer Überzeugung, daß die Geschichte gar nichts »beweisen« kann. Diese »seltsame und traurige Geschichte«, der sie sich mit besonderer Sympathie annimmt, kann, wenn überhaupt, höchstens »beweisen«, daß der immer wieder auftauchende Drang nach einer rätedemokratischen Ordnung an sich schon ausreichendes Motiv ist, das Problem nicht einfach zu umgehen und voreilige und bequeme Verurteilungen zu vermeiden.

Um die Praktikabilität und Konsistenz der rätedemokratischen Hypothese zu prüfen, wird es methodologisch also hilfreich sein, das Modell anhand einer der immer wieder genannten historischen Episoden zu prüfen und in der vatikanischen Tradition des »advocatus diaboli« zu hinterfragen. Das Resultat einer solchen Analyse wird niemand als »Utopismus« abtun können.

Nehmen wir die Räte beim Ungarn-Aufstand 1956. Zur Rechtfertigung dieser Auswahl: Es handelt sich um die am wenigsten weit zurückliegende Episode; die Beteiligung ist nahezu einhellig, die Räte breiten sich in allen Arbeiterschichten aus. Vor allem aber entsteht die revolutionäre ungarische Demokratie in bewußter Antithese zu einer totalitären Vergangenheit, deren Wiederaufkommen sie unter allen Umständen verhindern will. Im Rahmen der Geschichte der Räte stoßen wir hier auf eine Neuerung von grundlegender Bedeutung. Die ungarischen »Sowjets« von '56 wollen überhaupt nicht die Macht erobern. Obwohl sie sich in der Situation befinden, sie ausüben zu müssen, wollen sie sie schleunigst wieder abgeben. Und dennoch wollen sie sich als Räte nicht auflösen. In den Grundzügen ist das Arrangement recht einfach, aber es ist neu und innovativ.

Die Macht soll *fragmentiert* werden, die alte garantistische Aufgabe einer *balance of power* soll bis zu den extremen Konsequenzen und, so hofft man, zu größerer Wirksamkeit weitergetrieben werden. Es handelt sich also um eine Teilung der Macht, die der Logik der Gegengewichte folgend ausgeweitet sowie breiter verteilt wird. Eine solche Teilung soll jedem Bürger eine Rechtsposition gegenüber jedwedem Machtzentrum garantieren. Die vielfältigen Institutionen, in die die Macht auf diese Weise unterteilt ist, bieten die Möglichkeit einer wechselseitigen Kontrolle und funktionieren nach dem Prinzip der Inkompatibilität der Ämter. Die kurze Saison der revolutionären Macht in Ungarn zeigt sogar unter der nur allzu bald Wirklichkeit gewordenen Bedrohung durch die Rote Armee ein extrem genaues Bewußtsein für die Hauptgefahr, die jede Demokratie läuft, nämlich die ihrer Degeneration.

Die Teilung der Macht mittels Fragmentierung entspricht zwar der alten liberalen Sorge, befriedigt aber zugleich durch ihre Zersplitterung und Unterteilung das radikaldemokratische Streben nach Volksbeteiligung und nach einer Demokratisierung mittels allgemeiner Teilhabe. Die ungarischen Räte wollen ein Parlament bilden, Parteien ins Leben rufen, aber sie wollen zugleich die Rätestruktur beibehalten, damit die Teilhabe aller an den Produktionsmitteln keine Fiktion wird. Gleichzeitig wollen sie Eigentum vom *Management* trennen und diese Aufgabe hierarchischen Strukturen anvertrauen, die auf Kompetenz beruhen, auch wenn sie wählbar sein sollen wie bei einer Kooperative. Und schließlich wollen sie die Arbeiter, insoweit sie Lohnarbeiter sind, im Unterschied zu den Arbeitern als Besitzern durch die Gründung von freien – gegenüber allen anderen Strukturen, einschließlich der Arbeiterräte – unabhängigen Gewerkschaften verteidigen. So käme jedes Individuum in Besitz von immer mehr Macht, die einige direkt, andere via Delegierung, wieder andere durch Teilhabe und einige zu guter Letzt mittels Kontrolle ausüben würden. In all diesen Instituten der Machtausübung sind Fragmente der Macht enthalten, die gleichzeitig ineinandergreifen und sich bekämpfen. Keine MACHT könnte sich unabhängig und außerhalb von den Bürgern aus den Fragmenten einer solchen Macht bilden.

Die ungarischen Erfahrungen sind, wir wiesen bereits darauf hin, zu kurz, als daß sie einen »Beweis« liefern könnten. Auch wenn wir hier nicht weiter auf die Strukturen der Revolution von '56 eingehen[52], darf man doch das Neue nicht übersehen. Im allgemeinen geht man davon aus, daß Partizipation zu Lasten der Garantie von Individualrechten geht, daß die Macht, also auch die politische Partizipation, auf ein Minimum reduziert werden muß, wenn man den Schutz des Einzelnen vor der Macht sicherstellen will. Kurz, man meint, die liberalen und demokratischen Instanzen, auch wenn sie zusammen gesehen werden können – nicht zufällig spricht man von liberaldemokratisch – blieben substanziell divergent und bewegten sich in entgegengesetzte Richtungen. Freiheit *von* der Macht. Freiheit

52 Vgl. zur Ungarischen Revolution u.a. François Fejtö, *Ungheria 1945-1957*, Einaudi, Turin 1957; Jean-Jacques Marie/Balasz Nagy (Hrsg.), *Pologne-Hongrie 1956*, EDI, Paris 1966; Ferenc Fehér/Agnes Heller, *Ungheria 1956*, SugarCo, Mailand 1983; Paolo Flores d'Arcais, *Il dubbio e la certezza*, SugarCo, Mailand 1980, Kap. 6 und 8

zur (Teilnahme an der) Macht. Das revolutionäre Projekt in Ungarn ist das einzige, welches die Termini dieses Problems umstürzt und Institutionen ins Spiel bringt, die *gleichzeitig* die Freiheit zu und die Freiheit von realisieren. Dabei folgen sie einem ganz einfachen Geheimnis: Jeder einzelne Faktor der Partizipation ist nicht nur nicht kumulierbar, sondern zugleich ein Faktor der Teilung und Fragmentierung. Umgekehrt jedoch macht es die Fragmentierung der Funktionen möglich, daß jeder sie wie eine *bricolage* ausüben kann, denn keine von ihnen ist derart beschaffen, daß sie eine Hingabe erfordert (ja noch nicht einmal begünstigt), die andere Arbeiten unmöglich macht. Folglich produziert sie keine »Berufspolitiker«. Wenden wir uns jetzt den Schwierigkeiten und Einwänden zu.

In aller Kürze sei zunächst darauf hingewiesen, daß die Räte Produkt einer außergewöhnlichen Situation sind, nämlich einer Revolution. Sie leben aus jenem anfänglichen Enthusiasmus, der mit der Rückkehr zur Routine zwangsläufig abnimmt. In erster Linie stellen sie Kampfinstrumente *gegen* die vorherige Unterdrückung dar, und sie zielen darauf ab, einen restaurativen Prozeß zu verhindern. Die Frage ist jetzt, inwieweit die Räte dauerhafte und positive Institutionen werden können.

Soweit sie Kampfinstrumente sind, läuft ihre Existenz Gefahr, durch den Gegner determiniert zu werden, denn es ist ja die Aktion *gegen* jenen Feind, die am Ende sogar die Einrichtung der Räte selbst definieren kann. Einheit und instrumentelle Effektivität können zu entscheidenden Werten *gegen* die Unterdrückung werden und deren Rückkehr verhindern. Aber dann zerstören sie die Vielfalt und Fragmentierung der politischen Teilhabe und realisieren innerhalb ihrer Struktur das Wiederaufflammen der Unterdrückung.

Soweit sie als dauerhafte Einrichtungen gesehen werden, muß man sich fragen, unter welchen Bedingungen (und ob überhaupt) die breit gestreute und fragmentierte, in weiten Teilen nicht-professionelle Ausübung der Macht auch dann noch überleben kann, wenn der Handel und das Geschäftsleben im Alltagsleben wieder die Oberhand gewinnen; wenn die privaten Sorgen der *Muße* für die politischen Diskussionen die Zeit rauben – Zeit und vielleicht auch die Faszination.

Die radikal negative Antwort von Sartre ist bekannt. Für ihn hat das Individuum nur die Wahl zwischen zwei Formen von Entfremdung, mehr aber nicht. Man kann sich in den Dingen entfremden oder in der Gruppe, sich der Diktatur des untätig Praktischen unterwerfen oder jener der eigenen Genossen der »Freiheit«. Ko-Existenz, Teilen, gemeinsame Teilhabe sind aus dieser Sicht nichts als Illusionen. Der magische Augenblick der Verschmelzung in der Gruppe, der revolutionären Brüderschaft, ist und bleibt vergänglich. Schon bald muß er der Organisation, der monolithischen Geschlossenheit, der Bürokratie und den »Chefs« weichen. Die positive Freiheit im Sinne Arendts – positiv, weil man an ihr *teilhat*, vor allem aber auch weil sie *vielfältig* ist – gehört auf die absolut entgegengesetzte Seite. Die Vorstellung, jede Bewegung würde sich in dem Moment verraten, da sie zur Institution wird – eine Vorstellung, die Sartre selbst dann noch mit Merleau-Ponty teilt, als es nach ihrer Polemik über den Kommunismus zum offenen Bruch zwischen beiden gekommen war –, hinkt zumindest. Arendt hat es leicht mit ihrer Behauptung, eine Bewegung verliere sich gerade dann, wenn es ihr nicht gelänge, zu einer institutionellen Form zu finden. In ihrem Verständnis garantiert die Institutionalisierung Kontinuität und Bestärkung der Werte, die eine Bewegung hervorbringt. Teilhabe ja, aber fragmentiert soll sie sein, geteilt und breit gestreut, und vor allem soll jegliche »Professionalisierung« verhindert werden.

Selbst Hannah Arendt würde vielleicht zugestehen, daß eine »Institutionalisierung« – deren Preis die Bürokratie, die in einer Hand liegende Macht, also kurz Totalitarismus wäre – einen Verrat und wirklichen Verlust darstellte. Nur würde Hannah Arendt einen solchen Vorgang niemals »Institutionalisierung« der Revolution nennen, sondern eine Niederlage und Zerstörung derselben eben durch die Revolutionäre und Berufspolitiker. Die Revolution oder die Demokratie zu institutionalisieren – genau hier liegt auch das Merleau-Ponty und Sartre gemeinsame Mißverständnis –, stellt das genaue Gegenteil einer Führung durch Revolutionäre oder Berufspolitiker dar. Institutionalisieren bedeutet das entschiedene Festhalten an der Deprofessionalisierung, die Möglichkeit für *jeden Einzelnen*, insoweit er Einzelner ist, Politik machen zu können.

Diese Schwierigkeiten legen ein scheinbares Paradox nahe. Um Antinomien zu vermeiden, muß die Revolution als Reform aufgefaßt werden. Mit anderen Worten, Hannah Arendts normative Entscheidung im Feld der politischen Institutionen kann größere Realisierungschancen haben, wenn sie eher als Ergebnis einer graduellen Entwicklung (natürlich stimmt das immer nur annäherungsweise) und nicht als revolutionärer Bruch verstanden wird. Als regulative Idee eines wirklichen reformistischen Weges kann sie Gültigkeit haben.

Und so ist es in der Tat. In revolutionärer Deutung laufen die radikaldemokratischen Institutionen leicht Gefahr, sich in ihr Gegenteil zu verkehren. Am Anfang waren sie freiheitlich, dann wächst der Druck auf sie, all die Elemente zu privilegieren, die sie schlagkräftiger machen, und den konterrevolutionären Feind oder den, der dafür gehalten wird, von seinem

Vorhaben abzubringen: die einheitliche Kommandostruktur und die Disziplin. Der Wert der Teilhabe, eine Art des Handelns also, die im wesentlichen gleichbedeutend mit der Konfrontation von Ansichten ist, wird als frivoler Luxus betrachtet. *Teilhaben* wandelt seine Natur und verkommt zu *kämpfen*. Nichts von alledem bei einer gradualistischen Deutung. Jede Annäherung an das Ideal, jeder Schritt nach vorne, der die Teilhabe erweitert und das Monopol der Berufspolitiker einschränkt, verwirklicht sich gerade deshalb, weil der Druck der Meinungen die konservativen Widerstände besiegt hat. Selbstverständlich sind die Resultate niemals wirklich unumkehrbar. Die wirkungsvollste Form jedoch, mit der ein *Rückschlag* in die Parteienherrschaft verhindert werden kann, wird – auch unter organisatorischem Gesichtspunkt – die möglichst breit gestreute Bewegung zur umfassenden Teilhabe an der Macht sein. In gradualistischer Sicht ist es auch denkbar, daß die radikale Demokratie keinen Erfolg hat. Es kann ihr andererseits jedoch nicht geschehen, daß sie durch ihren eigenen Erfolg besiegt und zerstört wird, wie das nur allzu oft im Laufe der verschiedenen Revolutionen geschehen ist.

10.

Die Anwendung von Gewalt steht nicht in Übereinstimmung mit dem Ziel, wenn es sich darum handelt, eine geteilte Macht einzuführen, eine Demokratie, die es mit ihren grundsätzlichen Absichten ernst nimmt und sich so wenig wie möglich selbst von dem entfernt, was sie sprachlich definiert. Nicht zufällig sieht Hannah Arendt daher in der Gewalt ein Prinzip, das der Macht und dem öffentlichen Raum, in dem sich frei entworfene Projekte begegnen, entgegensteht und mit ihm nicht vereinbar ist. Die Gewalt wird niemals Macht, sondern immer Despotismus und Bevormundung sein. Sie wird niemals Freiheit hervorbringen.

Dennoch entscheidet sich Hannah Arendt anders als Gandhi. Es geht nicht um eine absolute Entscheidung für die Gewaltlosigkeit. Wenn der Mensch in seinen elementarsten Grundrechten auf Würde verletzt wird – durch ausländische Besatzung, durch den Totalitarismus, durch unwürdige Formen der Armut – und wenn dies soweit geht, daß ihm die Möglichkeit des »aufrechten Ganges« genommen wird, dann kann die Anwendung von Gewalt zur Befreiung sogar moralisch geboten sein. Befreiung und Freiheit bleiben jedoch als Kategorien äußerlich. Die Befreiung bereitet die Freiheit nicht vor, und eine gerechte Revolte gegen eine ausländische Besatzung oder gegen himmelschreiende soziale Ungerechtigkeiten und Privilegien besagt absolut nichts über die Zukunft der Freiheit, die, wenn überhaupt, nur einer mit Waffen erkämpften Befreiung folgen kann.

Die Realisierung der radikalen Demokratie stößt auf zwei Schwierigkeiten. Sie basiert einerseits auf der Annahme, daß der Bürger rigoros *interessenlos* sei, wiewohl er doch in der Gesellschaft, in privaten, ökonomischen und persönlichen Verhältnissen lebt, die zwangsläufig in Konkurrenz zu anderen Interessen stehen. Dies ist, so scheint es, eine erste Antinomie. Andererseits bleiben die Institutionen lebendig, wenn sich die Bürger tatsächlich der Politik immer wieder als Bastler und nicht aus konkreten Interessen widmen. Aber die Institutionen müssen auch vor einer Gefahr beschützt werden: der Verarmung und Schwächung durch eine Verringerung der Teilnahme. Zwangsmaßnahmen helfen nicht. Die erzwungene Partizipation, der Zwang zur Ausübung der Freiheit, das sind Widersprüche in sich.

Die Apathie öffnet der Bevormundung und dem Mißbrauch bis hin zum Extremfall des Totalitarismus Tür und Tor. Folglich besteht das drängendste Problem darin, ein wesentlich genaueres und wirkungsvolleres System von Garantien zu schaffen, als sie in den Liberaldemokratien, wo die Politik zum Beruf geworden ist, existieren. Aber in der radikaldemokratischen Tradition ist der Garantismus bisher ein vollkommen vernachlässigtes Thema.

Greifen wir die zwei Fragen nacheinander auf. Gegen die Hypothese eines nicht auf seinen Vorteil bedachten Bürgers wird jeder Realist einwenden, daß die Menschen keine Engel sind. Die angebliche »Naivität« Hannah Arendts impliziert keineswegs, sie sei gegenteiliger Ansicht. Es handelt sich allein darum, anzuerkennen, daß ein entscheidendes normatives Element die Radikaldemokratie ebenso wie die zum Beruf gewordene Politik beherrscht. Die »Natur« des Menschen, den zu beobachten man vorgibt, besagt wenig zum Vor- oder Nachteil der einen oder der anderen Option, weil die Bedingungen in hohem Maße eben durch die Institutionen gesetzt werden, in denen sich der historisch determinierte Mensch wiederfindet. Wenn die politischen Institutionen den »Bereich menschlicher Angelegenheiten, der im wesentlichen auf Freiheit beruht« (also den öffentlichen Raum) mit jenem Sektor verwechseln, »in dem alle und alles ausschließlich der Notwendigkeit objektiver Prozesse unterstellt sind«[53] (sprich, mit dem gesellschaftlichen Raum), dann ist es einigermaßen einsichtig, daß ein uneigennütziger Bürger kaum zu finden sein wird. Seiner Existenz fehlt jegliches Umfeld.

Ebensowenig, wie es quantifizierbare moralische Genugtuungen im Gewerbe und auch in künstlerischen Tätigkeiten ge-

---

53 Arendt, *Über die Revolution*, a.a.O., S. 353

ben kann, ist es auch denkbar, daß konkrete Lust und Freude aus sich selbst heraus die Motivation für politisches Handeln liefern – jenseits jeder Form von Eigennutz. Uneigennützige Politik kann in sich selbst ihre eigentlich *materielle* Begründung finden. Sieht man das nicht, dann »kann gar nicht in den Blick kommen, was das politische Leben ausmacht – nicht die hohe Freude, die dem schieren Zusammenkommen mit seinesgleichen innewohnt, nicht die Befriedigung des Zusammenhandelns und die Genugtuung, öffentlich in Erscheinung zu treten, nicht die für alle menschliche Existenz so entscheidende Möglichkeit, sich sprechend und handelnd in die Welt einzuschalten und einen neuen Anfang zu stiften«[54].

Tatsächlich, so Arendt, gibt es bestimmt Institutionen, »die im öffentlichen Bereich etabliert und von den herrschenden Mächten gestützt und unterhalten werden, obwohl seit eh und je Wahrheit und Wahrhaftigkeit die ausschlaggebenden Kriterien sind, nach denen sich alles, was in ihnen vorgeht, zu richten hat«[55]. Der Verzicht auf Eigennutz und Neutralität findet also bereits dort Möglichkeiten, wo die Politik keineswegs uneigennützig ist, und zwar nicht unerhebliche. Arendt verweist auf Justiz, Journalismus und die Universitäten, also die wissenschaftlichen und kulturellen Einrichtungen. An all diesen Orten kann sich natürlich auch die Korruption einnisten und eine Degeneration stattfinden. Und dennoch manifestiert sich in ihnen jenes Ethos, das Max Weber in der »Wissenschaft als Beruf« und andere in der künstlerischen Praxis aufzuspüren vermeinten. Das Handeln ist Belohnung und »Nutzen« um seiner selbst willen.[56]

---

54 Arendt, *Wahrheit und Lüge in der Politik,* a.a.O., S. 92

55 Ebd., S. 87

56 Max Weber, *Soziologie, Universalgeschichtliche Analysen, Politik,* (hrsg. von Johannes Winckelmann), Stuttgart 1973, S. 311ff.

Nicht hier liegen die Zweifel, die Hannah Arendts Ansatz auslöst, und sie sind auch nicht prinzipieller Art oder etwa ihrer »Naivität« geschuldet. In gewisser Hinsicht sind sie technischer Natur. Wir haben das bereits zuvor angedeutet. Tatsächlich läßt sich eine dermaßen radikale Trennung zwischen politischer und gesellschaftlicher Sphäre, die jeden ökonomischen Einfluß unmöglich macht, kaum aufrechterhalten. André Enegrén faßt Hannah Arendts Politik-Verständnis mit folgenden Worten zusammen: »Die Macht ist ein kollektives Phänomen, das nicht von der Rivalität ausgeht, sondern von der Situation des Meinungsaustausches, bei der kein Individuum und keine Gruppe jemals die Fähigkeit besitzt, die Entscheidungen der anderen determinieren zu können: seine normale Ausdrucksweise ist die Interaktion (oder das Gespräch) nicht der Wettstreit, der einen Sieger voraussetzt.«[57]

Möglicherweise überspitzt diese Darstellung Hannah Arendts Standpunkt, aber so wird auch deren widersprüchliches Element deutlicher. Daß es unter demokratischen politischen Verhältnissen keine endgültigen Sieger und Besiegte geben darf, das ist eine Grundbedingung.[58] Aber das gilt allein unter prozeduralem Gesichtspunkt, also bezüglich der Verfassungsprinzipien, der Spielregeln. Hier dürfen keine Entscheidungen zugelassen werden, die nachfolgende Entscheidungen präjudizieren und irreversible Situationen herstellen. Auf dieser Ebene geht es allein darum, die Fortdauer der grundlegenden Charakteristika des öffentlichen Raumes zu gewährleisten, also die Verfassung *aufrecht zu erhalten*, die es ermöglicht, daß sich die verschiedenen Ansichten begegnen und daß die verschiedenen Projekte nebeneinander existieren können.

---

57 Enegrén, a.a.O., S. 100
58 Bobbio, a.a.O.

Soweit es alles übrige anlangt, müssen die Meinungen jedoch miteinander wetteifern, und auch wenn der öffentliche Raum mit seiner *Pluralität* niemals auch nur in irgendeiner Weise und durch keine Entscheidung beschnitten werden darf, so muß es doch möglich sein, auf der Ebene der nicht-konstitutionellen Themen *zu Entscheidungen zu kommen*. Verhielte es sich anders, dann bekäme Carl Schmitt recht – dieser »rechtspolitisch-ästhetische Magier katholisch-barocken Zuschnitts mit seiner Zauberflöte, die besonders für intellektuell armselige Zeiten taugt«[59] –, der mit seinem – noch nicht einmal in der Beschreibung treffenden – Begriff der »Diskussionsdemokratie« die parlamentarische Demokratie attackiert.[60] Mehr noch: Institutionen wie die Räte, in denen der Bürger an der Macht teilhat, müssen zu Entscheidungen finden; eine Situation, in der sie nicht handeln, sondern immer nur auf der Suche nach Verständigung um sich selbst kreisen, kann man sich noch nicht einmal in der Vorstellung konkret ausmalen. Was gäbe es dann auch einander mitzuteilen? Jede Verständigung transportiert Inhalte. Und über die konstitutionellen hinaus, die immer nur wieder bestätigt – und höchstens formal vervollkommnet – werden können, haben alle anderen Inhalte in der einen oder anderen Form einen Einfluß auf die gesellschaftliche Realität.

Kurz, Hannah Arendts Hauptinteresse ist klar, und man kann es leichteren Herzens unterschreiben als einige ihrer Schlußfolgerungen. Die Autonomie der Gesellschaft muß garantiert werden. Sie folgt einer eigenen, jenseits der Meinungen gründenden Logik, und die besteht aus technischen Kompetenzen, wissenschaftlichen »Wahrheiten« sowie künstlerischen und kulturellen Hierarchien. Ließe man zu, daß diese Sphäre von

59 F. Cordero, *Criminalia, nascita dei sistemi penali*, Bari 1985, S. 87
60 Carl Schmitt, *Der Begriff des Politischen*, Hamburg 1933, S. 52

politischen Betrachtungen mit Beschlag belegt wird, dann würde dies nur allzu bekannte Risiken heraufbeschwören. Vollkommen klar sieht Hannah Arendt beispielsweise die Vorteile des Privateigentums.

Selbst der dogmatischste Freihändler weiß, daß die Bedingungen, unter denen der ökonomische Wettbewerb stattfindet, immer durch einen gesetzlichen Bezugsrahmen definiert werden. Auch der Markt in Reinform könnte nur aufgrund einer Rechtsordnung bestehen, die ihn grundsätzlich regelt. Der Hinweis Hannah Arendts kann daher nur als Ermahnung aufgefaßt werden, niemals die Politik zu einem totalen Anspruch ausufern zu lassen. Oder auch als Hinweis für die politische (demokratische und geteilte) Macht, sich hinsichtlich der Probleme der Gesellschaft so zu orientieren, daß die Kompetenz begünstigt, die Neutralität der Wissenschaft, Kultur und Kunst garantiert und unpolitische Leitungsfähigkeiten befördert werden.

Andere ihrer Entscheidungen dagegen werden sich als unpraktikabel erweisen. Wie soll man Forschungsgelder verteilen? Soll man der Krebsforschung oder der Erfindung neuer Hundefuttersorten den Vorrang geben? Solche und noch andere Fragen, deren Beantwortung weniger deutlich auf der Hand liegt, kann die Gesellschaft nicht allein klären, und es ist nicht gesagt, daß, wenn sie es täte, sie nicht im Nachhinein durch politische Entscheidungen korrigiert würde. Der Ansatz Hannah Arendts ist also immer so aufzufassen, daß er sich auf die *Gesetzesform* bezieht, auf den Universalcharakter und nicht *ad personam*, die die politische Entscheidung strukturieren soll. Die Gesetze und Teilvorschriften stellen eine unangemessene Ausweitung dar, sie zerstören die Politik *und* die Gesellschaft. Die Trennungslinie zwischen beiden Typen von Gesetzen genau zu fassen ist jedoch weniger einfach, als es scheinen mag.

Vor allem Hannah Arendts Anspruch, sich auf normativer Ebene nicht auf eine Prüfung der verschiedenen möglichen Ideale sozialer Gerechtigkeit einzulassen, hält einer kritischen Prüfung nicht stand. Ihr politisches Projekt müßte der Intention nach indifferent gegenüber den verschiedenen Konformationen des Gesellschaftlichen sein. Deshalb bringt Hannah Arendt bisweilen – widerwillig – persönliche Vorlieben in diesem Feld zum Ausdruck, betont aber immer, daß dies keinerlei Einfluß auf die Gültigkeit ihrer politisch-institutionellen Argumentationslinie habe. Dennoch wird eine Bedingung als verbindlich für die Praktikabilität der Rätedemokratie gesetzt, um eine *constitutio libertatis* möglich zu machen: Die Gesellschaft darf nicht von der »sozialen Frage« beherrscht werden. Wo dies der Fall ist, da werden die *malheureux* zu *enragés*, denn Unglück und Elend sind zerstörerische Kräfte und die terroristische Konsequenz ist immer dann nahezu unausweichlich, wenn sich eine massenhafte Befreiungsbewegung unter der Bedingung einer großen Massenarmut entwickelt.[61]

Solange es also Elend und eine akute »soziale Frage« gibt, solange ist es sinnlos, darauf zu hoffen, der Mensch werde sich als Bürger verhalten. Die Last des Unglücks und des Elends ist so groß, daß die Idee einer interessenfreien Politik reine Utopie bleibt. Aber Hannah Arendt zieht eine zweite soziale Situation in Betracht, die auch durch den Dämon »soziale Frage« beherrscht wird. Diesmal handelt es sich nicht um das Elend der ausgebeuteten Massen, sondern um den Konsumismus, der für die Massen zum Lebensmuster geworden ist. Tatsächlich ist auch dieses ein restriktives Modell, eine zerstörerische Kraft, die jede Möglichkeit einer staatsbürgerlichen Existenz, also einer von Interessen unabhängigen Politik, zunichte macht.

61 Arendt, *Über die Revolution*, a.a.O., S. 144ff.

Daher muß man zusammenfassend zugestehen, daß das politische Ideal von Hannah Arendt, obwohl dies der Autorin nicht bewußt war, nicht vom Ideal der sozialen Gerechtigkeit zu trennen ist. Es ist in der Distribution angesiedelt und bedarf daher nicht der Verstaatlichung der Produktionsmittel. Aber es ist ein Ideal, das alle Formen ökonomischer Ungleichheit ausschließt, die in der einen oder anderen Weise zwangsläufig zum Entstehen einer »sozialen Frage« führen müssen. Mit Blick auf die zeitgenössische abendländische Gesellschaft bedeutet dies, daß der massenhafte Wohlstand nicht durch eine konsumistische Hybris abgelöst werden darf. Ein maßvoller und massenhafter Wohlstand ist erfordert, der weder zum Reichtum noch zur Armut hin große Schwankungen beinhaltet. Das ist der soziale Imperativ, den der politische von Hannah Arendt mit umfaßt, auch wenn sie selbst sich dessen nicht bewußt war.

11.

Die Metapher vom gläsernen Palast, die von alters her gebraucht wird, wenn von der demokratischen Ordnung die Rede ist, erfährt in der letzten Zeit einen gewissen Niedergang. Daß die Demokratie der Transparenz bedarf und daß sie inkompatibel mit der Lüge ist, das war lange Zeit ein Grundsatz, der schließlich doch zur Illusion erklärt wurde. Daher wurde auch jene Metapher in die Gerümpelkammer verbannt. Der Realist machte den wirklichen Demokraten erneut ihre Naivität zum Vorwurf, und es scheint, als habe er damit Erfolg gehabt. Jedoch zwingt die tragische Krise der Demokratien zwischen den beiden Weltkriegen und die Tatsache, daß diese zu Teilen in totalitäre Systeme mündeten, zu einer neuerlichen Reflexion des Themas. Die Beziehung zwischen Demokratie und Lüge muß neu überdacht werden; die Einstellungen derjenigen, die der Idee vom gläsernen Palast zu neuen Ehren verhelfen möchten, dürfen nicht voreilig als Moralismus abgetan werden. Vielmehr sollte man diese Idee zu einem der Kriterien machen, an denen die realexistierenden Demokratien gemessen werden.

Der Totalitarismus muß zwangsläufig die Vergangenheit zerstören, um frei über sie verfügen zu können, denn die totalitäre Macht findet ihre einzige Legitimation in dem Anspruch, eine absolute WAHRHEIT inmitten der kontingenten historischen Umstände zu verkörpern. Daher muß sie fortwährend die Fakten zurechtbiegen, um die Legitimität der Macht und ihrer einzelnen Handlungen unter Beweis stellen zu können. Schon im chinesischen Kaiserreich begann jede neue Dynastie ihre Herrschaft mit der vollständigen Umschreibung der Vergangenheit. Diese Tradition wurde eilfertigst sowohl von Mao Tse-tung wie vom »fortschrittlichen« Deng Xiaoping in Anwendung gebracht. Der moderne Totalitarismus fügt noch etwas hinzu. Er nämlich muß in der Lage sein, die eigene Vergangenheit ständig umzuschreiben, denn auch wenn einer der »Väter des Volkes« seinen Platz räumen muß, sei es zugunsten einer fragilen kollegialen Leitung oder einer diktatorischen Karikatur des Tacitus – der Totalitarismus bleibt.[62]

Die Geschichte muß jener WAHRHEIT entsprechen und die Ideologie und die Macht stützen, die die Hüterin der Ideologie ist. Aber die totalitäre Macht muß sich, eben um ihren Bestand zu sichern, in den Köpfen der Menschen und in Form von Interpretationen der WAHRHEIT entwickeln. Allein schon deshalb, weil sich die äußeren Umstände ständig verändern. Damit än-

---

62 So urteilte Concetto Marchesi auf dem 8. Parteitag der KPI über Nikita Chrustschow und seinen Geheimbericht auf dem 20. Parteitag der KPdSU.

dern sich auch die Inhalte der WAHRHEIT, von der doch behauptet – und »nachgewiesen« – wird, sie sei mit sich selbst identisch; die Fakten der Vergangenheit müssen ständig reformuliert werden, damit sie auch zweifelsfrei als Beweis für diese sich wandelnde WAHRHEIT dienen. Eine Tatsache etwa, die nicht beliebig ausgelöscht oder manipuliert werden kann, ist eine Tretmine im totalitären Universum. Wenn die Kontinuität schwindet, dann schwindet auch die Legitimität der Machthaber. Nicht zufällig ist das Historikergewerbe in den osteuropäischen Ländern eines der risikoreichsten.

Der Totalitarismus bringt nur jenen Konflikt in extrem zugespitzter Form zum Ausdruck, der sich immer dann zwischen Meinung und Wahrheit abspielt, wenn die Behauptung aufgestellt wird, es gäbe eine rationale Wahrheit im Felde der Moral, der Politik und der Organisation des menschlichen Zusammenlebens. Eine rationale Wahrheit ist in der Tat eine zwingende Wahrheit. Wird sie in ethisch-politischer Dimension vorgebracht, dann bringt sie, um dem ganzen die Krone aufzusetzen, auch die Idee einer notwendigen kulturellen Hegemonie mit sich, denn gegenüber einer zwingenden Wahrheit sind die abweichenden Meinungen schlichtweg nichts anderes als Irrtümer.

Wenn es eine ethische Wahrheit gibt, dann wird jede nicht damit übereinstimmende Ansicht zum Irrtum. Jede Zwangsmaßnahme zu dessen Ausschaltung verliert den *Status* der Meinung und ist schon dadurch gerechtfertigt. Der Jubel über die Scheiterhaufen ist in jeder angeblich wissenschaftlich-kognitiven Ethik und in jeder behaupteten *einzigen* rationalen Wahrheit im Moralischen (oder auch *einer* rationalen Wahrheit oder *einer* Logik, die den historischen Prozeß bestimmt) bereits miteingeschlossen. Ob es zum Autodafé kommt, hängt tatsächlich einzig und allein von den Umständen, den persönlichen Neigungen eines Generalsekretärs oder eines Papstes und den Kräfteverhältnissen ab.

Die WAHRHEIT ist tyrannisch, soweit sie als rationale Wahrheit mit dem Anspruch verstanden wird, die menschlichen Beziehungen und die moralischen Erwägungen zu regeln. Allein »die Transformierung der Vernunftwahrheit in eine Meinung hat zur Folge, daß wir es nicht mehr mit dem Menschen überhaupt zu tun haben, sondern mit *den* Menschen in ihrer unendlichen Pluralität«[63]. Es muß jedoch klargestellt werden, was man unter Wahrheit versteht, wenn die Verknüpfungspunkte zwischen Wahrheit und politischen Regimes untersucht werden, und vor allem, wenn darauf hingewiesen wird, daß die Demokratie unbedingt die Lüge bekämpfen muß.

Wenn man das Recht auf eine Meinung in Anspruch nimmt, dann ist das nicht gleichbedeutend damit, ein Recht auf die Abschaffung der Wahrheit zu reklamieren, womit die Wahrheit der Fakten gemeint ist. Ganz im Gegenteil reklamiert man damit das Recht, jede Äußerung einer »objektiven Wahrheit« im Feld der Moral und jede Version einer kognitivistischen Ethik als einen unbegründeten und willkürlichen Anspruch zu erachten. Die (»rationale« und »objektive«) WAHRHEIT im Feld der Moral ist in der Tat nicht nur völlig unvereinbar mit der Pluralität der Meinungen – die abschätzig als Irrtümer betrachtet werden, wenn sie nicht mit jener WAHRHEIT übereinstimmen –, sie ist auch unvereinbar mit der Aufrechterhaltung der viel bescheideneren Tatsachenwahrheit. Die Tatsachen können, wie wir sahen, niemals gegenüber den Ansprüchen jener WAHRHEIT und all jenen, die sie – als Inhaber der Macht und einzig autorisierte Interpreten – gerade exekutieren, fixiert

63 Arendt, *Wahrheit und Lüge in der Politik*, a.a.O., S. 53

werden, selbst dann nicht, wenn sie sich tatsächlich ereignet haben.

Kurz, der Anspruch, eine (ethische, ideologische oder geschichtsphilosophische) Wahrheit zu besitzen, bedeutet nicht allein, sich das implizite Recht vorzubehalten, sie anderen aufzuzwingen, sondern auch das Recht, jede kleine und bescheidene Tatsachenwahrheit und jedes historische Ereignis auszulöschen, zu manipulieren und auf den »rechten Weg« zu zwingen. Angesichts der Tatsache, daß die *notwendige* Wahrheit majestätisch ist, sind die bescheidenen und kontingenten Wahrheiten im Plural nichts als äußerer Schein; sie unterliegen demjenigen, der die Macht hat und einen direkten Draht zu Gott oder zur historischen Dialektik für sich zu reklamieren wagt. Die Feindseligkeit gegenüber den Meinungen und die Feindseligkeit gegenüber den Tatsachen (gegen die Freiheit, und folglich auch gegen die geschichtliche Wahrheit) besitzen einen gemeinsamen Ursprung.

Halten wir folgendes fest: »Und da ja Tatsachen und Ereignisse, die unweigerlichen Ergebnisse menschlichen Zusammenlebens und -handelns, die eigentliche Beschaffenheit des Politischen ausmachen, müssen wir in diesem Zusammenhang an Tatsachenwahrheiten primär interessiert sein.«[64] Nicht allein dem Totalitarismus wohnt die Tendenz inne, diese zu unterdrücken. Ihm ist sie allerdings in ganz besonderem Maße zu eigen. Die gesamte moderne Politik verhält sich analog, inklusive der »real existierenden Demokratien«. Dies geht soweit, »daß man wohl auf den Gedanken kommen kann, daß es vielleicht im Wesen der menschlichen Angelegenheiten [...] liegt, mit der Wahrheit auf Kriegsfuß zu stehen«[65]. In den

64 Ebd., S. 49
65 Ebd., S. 56

freien Ländern – und der Begriff ist überhaupt nicht ironisch gemeint, denn Hannah Arendt vergißt bei aller Kritik an den westlichen Demokratien niemals den enormen Unterschied zu den totalitären Ländern des Ostens – ist es ebenfalls »um Tatsachen, deren Erhaltung vom Belieben der Machthaber abhängt, schlecht bestellt«[66]. Zwar toleriert die gegenwärtige Epoche, und gemeint ist hier nur der Westen, ein bislang ungekanntes Ausmaß an unterschiedlichsten Meinungen zur Religion und Philosophie, gleichwohl muß man anmerken, daß es »vielleicht auch kaum je eine Zeit gegeben [hat], die Tatsachenwahrheiten, welche den Vorteilen und Ambitionen einer der unzähligen Interessengruppen entgegenstehen, mit solchem Eifer und so großer Wirksamkeit bekämpft hat«[67].

Natürlich logen die Mächtigen auch in der Vergangenheit, wenn sie das für nützlich erachteten und wenn sie die Möglichkeit dazu hatten. Die Wahrheit war niemals eine Tugend der großen Diplomaten. Davon macht Hannah Arendt überhaupt kein Aufhebens. Es ist vielmehr ihr Interesse, den qualitativen Unterschied zwischen der »Lüge der Alten« und der »Lüge der Modernen« klar herauszustellen. In der Vergangenheit diente die Lüge vor allem dazu, zu verbergen und das Offenbarwerden der *ganzen* Wahrheit zu verhindern. Und die Diplomatie ist eher noch *kunstvolle Täuschung* denn Lüge, also die Tugend des listenreichen Odysseus. Die moderne Welt hingegen scheint im Frevel einer Lüge befangen. »Um diese mögliche Endgültigkeit und Vollständigkeit, die früheren Zeiten unbekannt war, handelt es sich aber bei der organisierten Manipulation von Tatbeständen, der wir heute überall begegnen. Auch in Ländern, in denen die Staatsmacht die Nachrichten-

66 Ebd., S. 85
67 Ebd., S. 54f.

verbreitung noch nicht monopolisiert hat, und damit die Entscheidungsgewalt darüber, was offiziell als Tatsache anerkannt wird, sorgen gigantische Interessenorganisationen dafür, daß sich eine Art von Staatsräson-Mentalität, die früher nur die Außenpolitik bestimmte«[68], durchsetzt. Die moderne Art der Lüge treibt diese Logik dermaßen auf die Spitze, daß längst »Selbsttäuschung [...] den Anschein der Wahrhaftigkeit zu erwecken[69]« vermag, während im Gegensatz dazu die Alten niemals bereit waren, Opfer ihrer eigenen Täuschungsmanöver zu werden.

Die Lüge ist möglich, weil sie zahlreiche Vorteile und Privilegien genießt. Bereits Montaigne beklagte, daß die »Kunst der Verstellung [...] zu den namhaftesten Auszeichnungen dieses Jahrhunderts«[70] gehört. Das ist nicht zuletzt deshalb so, weil »die Kehrseite der Wahrheit [...] hundertausend Spielarten und ein unbegrenztes Feld [hat]. Für die Pythagoräer ist das Gute gewiß und bestimmt, das Böse aber ungewiß und unbestimmt. Tausend Wege führen vom Ziel ab, einer führt hin. [...] Wenn, wie die Wahrheit, die Lüge nur ein Gesicht hätte, so wären wir besser dran. Denn dann würden wir das Gegenteil dessen für gewiß halten, was der Lügner sagt.«[71]

Die Lüge genießt daher schrankenlose Autonomie. Der Phantasie wird lediglich abverlangt, kohärent zu konstruieren. Gelingt das, dann kann keine Tatsachenwahrheit je den Lügner verunsichern. Wir werden allerdings sehen, daß dieses Ideal zum Glück niemals vollständig wird realisiert werden können. Darüber hinaus ist die Lüge im allgemeinen sehr viel wahrscheinlicher als die tatsächlichen Fakten, eben weil sie gemäß

68 Ebd., S. 80
69 Ebd., S. 79
70 Michel de Montaigne, *Essais* (Auswahl u. Übertragung von H. Lüthy), Zürich 1953, S. 543
71 Ebd., S. 83

dem Prinzip der Kohärenz konstruiert wird. Die obskuren Punkte und die unerklärlichen Elemente werden auf ein Minimum reduziert. Und genau danach verlangt der Mensch im allgemeinen. Die tatsächlichen Fakten entsprechen dagegen einem filigranen rationalen Entwurf nur wenig. Sie widerstehen einer angeblich erschöpfenden Erklärung und behalten eine irrationale »Unreinheit«, die durch keinerlei historizistisches Gemenge je wird beseitigt werden können.

Vor allem aber kommt die moderne Lüge, die die Tatsachenwahrheit auslöscht und zerstört, in den Genuß der Straffreiheit. Hannah Arendt erlebt es als eine Tragödie, daß eine Tatsache, wenn sie einmal in der (schriftlichen, mündlichen, archäologischen oder fossilen) Erinnerung zerstört oder entstellt wurde, *unwiderruflich* verloren ist. Sie fällt in ein *Nichts* zusammen. Kein Indiz überlebt das Verbrechen. Die Tatsachenwahrheiten sind absolut fragil und prekär, und deshalb um so kostbarer.[72] Die Theoreme von Euklid sind, auch wenn sie verloren gingen, nicht definitiv verloren. Dem jungen Pascal gelingt es, sie wiederzuentdecken. Die Vernunft kann einen Weg, der bereits beschritten worden war und dessen Spuren ausgelöscht wurden, neu durchschreiten. Dieses Glück ist den Tatsachenwahrheiten nicht gegeben. Allein das unterstreicht, in welchem Maße die moderne Lüge, die Manipulation oder Auslöschung von Tatsachen ist, eine Form der Gewalt darstellt. Die Logik, welche zur Zerstörung einer Tatsache führt, führt schließlich auch zur Zerstörung des Menschen, der Hauptakteur eines Ereignisses war oder der dieses zumindest in der Erinnerung bewahrt. Die Lüge beinhaltet eine mehr oder weniger mörderische Logik. »All diese Lügen, auch wenn ihre Urheber sich dessen nicht bewußt sind, sind potentiell gewaltsam;

---

72 Arendt, *Wahrheit und Lüge ...*, a.a.O., S. 47ff.

jedes organisierte Lügen tendiert dazu, das zu zerstören, was es zu negieren beschlossen hat, wiewohl nur die totalitären Gewalthaber das Lügen bewußt als Beginn des Mordens zu handhaben wissen. Beispiel: das Verhalten Stalins gegenüber Trotzki.«[73] Auf dem Altar der WAHRHEIT, die für alle Menschen gültig sein will, darf man sowohl die Tatsachenwahrheiten als auch die Individuen opfern. Praktische Erfahrungen mit dieser Logik macht die moderne Welt jeden Tag, und mit dem Totaltarismus hat sie daraus sogar eine massenhafte Erfahrung gemacht.

12.

Zum Glück gibt es inhärente Grenzen für die Macht der Lüge. Die Tatsachenwahrheit kann ohne Zweifel zerstört werden, aber sie kann nicht ersetzt werden. Eine historische Fälschung im eigentlichen Sinne, die also vollkommen künstlich erdacht wurde, bleibt unmöglich. Ein minimaler Riß reicht aus, so daß eines Tages der Betrug entlarvt wird. In der Moderne werfen Konstantinische Schenkungen nicht lang genug Ertrag ab.

Die Tätigkeiten, die Wahrheit zum Gegenstand haben, besitzen gemeinhin keinen politischen Charakter. Sie sind weder Handeln noch Praxis, egal ob es sich um Wissenschaft oder historische Forschung handelt. Es kann jedoch Umstände geben, die diesen Tätigkeiten politische Relevanz verleihen, auch wenn sie weiterhin im Bereich der gesellschaftlichen Sphäre verbleiben. In diesem Zusammenhang verwickelt Hannah Arendt sich in den ein oder anderen Widerspruch, denn das spezifische Interesse, das jene Tätigkeiten wie auch die Kunst, die Justiz

---

73 Ebd., S. 82f.

und den Journalismus ausmacht, ist nicht der Vorteil, sondern das Interesse an der Wahrheit, also der wirklichste Nicht-Eigennutz. Partiell rühren die Widersprüche aus terminologischen Unschärfen. Ohne das zu vertiefen – aber nicht etwa, um Hannah Arendt und ihr Denken weniger widersprüchlich darzustellen, als es in Wirklichkeit ist –, interessiert hier doch mehr Arendts wesentlicher Gedankengang.

Es gibt Berufe, die *zwangsläufig* zum Widerstand gegen die Logik der Lüge beitragen. Also sind die Organisationen, in deren Rahmen diese Berufe ausgeübt werden, in gewisser Hinsicht fundamentale Institutionen der Demokratie, auch wenn sie möglicherweise keinerlei demokratische Struktur besitzen. Versuchen wir, dieses scheinbar wirre Knäuel zu ordnen. Zunächst zur *Zwangsläufigkeit*, mit der diese Berufe der Lüge widerstehen. Das bedeutet, jedesmal, wenn diese nicht zur Durchsetzung einer Tatsachenwahrheit beitragen, verfehlen sie ihre spezifische raison d'être, erweisen sie sich rein technisch als unzureichend. Berufsethos und technische Effizienz bilden eine Einheit. Ein Wissenschaftler, der Hypothesen aufstellt und Theorien untermauert, ohne dabei die besten und strengsten Methoden zu befolgen, der ist als Wissenschaftler ohne Wert. Gleiches gilt für den Arzt, der nicht heilt und, ceteris paribus, auch für den Historiker, den Richter und den Journalisten. Natürlich kann man als Gegenbeispiel besoldete Artikelschreiber, korrupte Richter und Historiker anführen, die zu den schlimmsten Liebedienereien bereit sind. Wer meint, selbst diese erfüllten noch irgendwie ihre Berufspflichten, der soll dann auch klipp und klar sagen, daß die Aufgabe des Journalisten darin besteht, die öffentliche Meinung nach Maßgabe der Machthaber zu manipulieren, daß die Aufgabe des Richters darin besteht, Gesetze, Beweise und Vorgänge immer zugunsten derer zu »interpretieren«, die die ihnen gegebene Macht mißbrauchen etc. Ist man dazu nicht bereit, dann bleibt die Aussage bestehen, daß bei dieser Art von Berufen technisch-professionelle Effizienz und Verteidigung der Wahrheit zusammenfallen.

Deshalb sind also der Richter, der Journalist und der Akademiker, vorausgesetzt sie sind tüchtig und dem Berufsethos treu, Mitglieder von »Institutionen«, die einer demokratischen Logik folgen, die aber, gleichzeitig, doch eine unersetzliche Stütze für die Demokratie darstellen. Das ist kein Paradox. Auswahl, Karriere und Ansehen entstehen in diesen Bereichen nicht aus dem freien Wettstreit zwischen populären Anschauungen. Noch einmal: Hannah Arendt bekräftigt, daß in der Sphäre des Gesellschaftlichen Hierarchie, Verdienst und Kompetenz gelten, also Ungleichheit.

Anders herum jedoch wird jede Macht sich um so leichter jenseits allen Rechts etwas *anmaßen* können, wenn es keine Journalisten gibt, die wahrheitsgemäß berichten, und keine Akademiker und Historiker, die versuchen, die Wahrheit zu rekonstruieren. Anmaßung bedeutet Niedergang der Demokratie. Dort, wo die Lüge sich breit macht (und das ist nach Arendts Meinung in den modernen freien Ländern weitgehend der Fall), leben die Berufe, deren Kern in der Bewahrung der Wahrheit besteht, in einem uneindeutigen Zustand. Gesellschaftliche Berufe verwirklichen zugleich demokratische politische Praxis: Der uneigennützige Kleriker und der kritische Geist fungieren als unersetzliche Stützen der Demokratie. »Die Meinungsfreiheit ist eine Farce, wenn die Information über Tatsachen nicht garantiert ist.«[74] Wie es um eine Demokratie bestellt ist, läßt sich demzufolge an der

74 Ebd., S. 58

Autonomie ihrer Presse ablesen und an der Gewissenhaftigkeit ihrer Chronisten.

Das totalitäre Regime zerstört, soweit ihm das möglich ist, die Tatsachenwahrheiten radikal. Die gegenwärtigen Demokratien, die auf der Berufspolitik und der Parteienherrschaft basieren, zerstören jene Wahrheiten nur teilweise, tendieren jedoch dazu, sie steril zu machen. In den freien Ländern werden nämlich die unbequemen Wahrheiten nicht als faktische Wahrheit vorgestellt, sondern sie werden von den Regierungen »toleriert«, die sie »halb bewußt und halb, ohne dessen gewahr zu werden, [...] in eine Meinung [verwandeln]« und als solche präsentieren.[75] Sie werden also in ihrer Bedeutung abgewertet und bezweifelt. So kann die Regierung gegenüber der Öffentlichkeit rechtfertigen, wenn sie auf diese Wahrheiten keine Rücksicht nimmt.

Grundbestandteile einer wirklichen Demokratie hingegen sind der Respekt vor Tatsachenwahrheiten, die Transparenz, sowie die Bildung einzelner Inseln der Wahrheiten (Gerichte, Akademien, Zeitungen). Die Meinung kann nur dann frei bleiben, wenn für jeden Bürger die Faktenwahrheit gesichert ist. Die Lüge dagegen zerstört die Verständigung und vergiftet sogar die Möglichkeiten des Miteinander-Auskommens. Diese Position geht bis auf Montaigne zurück. Wenn das als Wahrheit aufgefaßte Wort verloren geht, »so haben wir keinen Zusammenhang und keine Kenntnis mehr voneinander. Wenn es uns betrügt, so zerstört es allen unsern Umgang und zerreißt alle Bande unserer Gesellschaft«[76]. Dann klingt auch diese weitere Beobachtung nicht mehr gar so übertrieben: »Wahrlich, das Lügen ist ein verfluchtes Laster. Wir sind nur Men-

75 Ebd., S. 55
76 Montaigne, a.a.O., S. 544

schen und haben nur Gemeinschaft miteinander durch das Wort. Wenn wir die Abscheulichkeit und die Schwere dieses Lasters einsähen, wir würden es füglicher als andere Verbrechen mit Feuer und Schwert verfolgen.«[77]

An diesem Punkt fällt es nicht mehr schwer, eine Antwort auf die Frage zu geben, die allen Überlegungen bis hierher zugrunde liegt. Warum sollte auch eine nicht-totalitäre Macht der Lüge bedürfen und die Tatsachenwahrheiten zerstören müssen? Eben weil die modernen Demokratien, die auf der Berufspolitik aufbauen, ihre Legitimität auf Prinzipien gründen, die sie nur allzuoft in der Praxis mißachten. Sie leben in einem akuten Widerpruch zu sich selbst. Das müssen sie zu verschleiern suchen, denn sonst ginge ihnen ihre Legitimation verloren. Jegliche Handlungsweisen, die den die Ordnung legitimierenden Grundsätzen zuwiderlaufen, müßten notgedrungen unterlassen werden. Einmal geschehen, muß man sie leugnen, also mittels Lüge die Tatsachenwahrheiten zerstören, um so den Einklang mit den Grundprinzipien wiederherzustellen. Auf diese Weise etwa verfuhr die französische Regierung mit ihrer Folterpraxis in Algerien und die amerikanische mit dem Einsatz von Napalm in Vietnam.

Das totalitäre Regime muß über *alle* Tatsachen nach Belieben verfügen können. Einem inkonsequenten demokratischen Regime reicht es, jene Tatsachen leugnen zu können, die seinen proklamierten Werten zuwiderlaufen. Die Schwäche der auf der Politik als Beruf gegründeten Demokratien ist ihre (unheilbare?) *Heuchelei.*

---

77 Ebd., S. 82f.

13.

Fassen wir zusammen. Die Kritik dessen, was die Marxisten bürgerliche Demokratie nennen, wird von Hannah Arendt nicht minder radikal geführt. Aber sie folgt einer Linie, die dem marxistischen Ansatz diametral entgegengesetzt ist. Die Grenzen jener demokratischen Ordnung werden gerade nicht in ihrem bürgerlichen Klassencharakter ausgemacht. Und genausowenig im abstrakten und losgelösten Zustand der Politik gegenüber der Gesellschaft, die von Marx als die Sphäre angesehen wird, in der sich die wirklichen, durch ihre soziale Stellung determinierten Individuen bewegen. Daher gibt es für Hannah Arendt im Gesellschaftlichen auch keine Entfremdung, und nicht einmal der »Himmel« der Politik stellt eine Form der Entfremdung dar. Entfremdung ist es vielmehr, wenn diese beiden Existenzweisen ineinander verschwimmen, während es doch gilt, ihre wechselseitige Abgegrenztheit zu gewährleisten.

Die Politik muß abstrakt bleiben. Die Form der Gesetze muß universell sein, das Gesetz muß also von den vielgestaltigen Interessen absehen, die sich in der Gesellschaft gegenüberstehen, und jedesmal aufs neue die Spielregeln festlegen. Das Mißtrauen, mit dem Arendt die Politik des Wohlfahrtsstaates beobachtet, geht eben von dem Ad-hoc-Charakter aus, den seine Gesetzesvorhaben nur allzuoft annehmen. Und, obwohl abstrakt und losgelöst, bleibt die Sphäre der Politik doch Ort der Öffentlichkeit, der deshalb von allen genutzt werden sollte – zumindest von all denen, die das wünschen –, ohne daß das bürgerliche Engagement zum Verzicht auf die privaten Aktivitäten und die eigene Identität im Herzen der Gesellschaft führt.

Gerade weil sie abstrakt ist, kann und muß die Politik interessenlos sein. Hier steht die Uneigennützigkeit im Gegensatz zur Indifferenz. Wir sahen, daß die Interessen alle derselben

Logik folgen, selbst wenn sie untereinander konkurrierend sind. Und eben diese Logik schließt die Freiheit aus, also die Möglichkeit, *ex novo* zu handeln, denn im Feld der Ökonomie sind alle gezwungen, dieselben technischen Regeln einzuhalten. In der Ökonomie und im Universum der Gesellschaft, das von der Technik beherrscht wird, kann man sich nur durch mehr oder minder großes Geschick auszeichnen, nicht aber durch unterschiedliche Meinungen. Die Regeln der Wissenschaft, der Technik und des Gewerbes bestehen, wenn man so will, aus »objektiven Meinungen«, die bindend sind. Also aus dem Gegenteil von Meinungen. Daher ist die Sphäre der Interessen unter dem Gesichtspunkt der Freiheit die Sphäre der Indifferenz. Indifferenz in der Politik ist die interessengeleitete Politik, und gegenüber der wirklichen Politik ist jede interessierte Politik indifferent.

Das Modell der Rätedemokratie behält trotz aller immanenten Probleme einen doppelten Wert. In allen historischen Formen, in denen sie bisher auftrat, zeigte sich, daß sie schwierig zu praktizieren ist, und wir haben das Ensemble aus äußeren Umständen, Grenzen und inneren Widersprüchen genau benannt. Dennoch bleibt die Rätedemokratie als ein Ideal, das dem Begriff entspricht, ein hilfreicher und keineswegs willkürlicher Gradmesser zur Beurteilung des Zustandes der realexistierenden Demokratien. Nimmt man sie als regulative Idee für die reformbedürftigen Demokratien, dann liefert sie den Beurteilungsmaßstab für das konkrete Handeln und Planen der Individuen.

Das sind zwei Seiten ein und derselben Funktion. Einerseits erlaubt die so abgeleitete Idee der Demokratie zu erkennen, wie sehr die Institutionen verarmen und geschwächt werden, wenn sie Berufspolitikern in die Hände gegeben werden. Genauer: wenn die Politik zum *Eigentum* in Händen der Parteien, also zum Machtfaktor einer Oligarchie wird, der von einer geschlossenen Gesellschaft, die einzig durch Kooptation sich erneuert, eifersüchtig bewacht wird. Der *käufliche* Charakter, und das ist nur ein anderes Wort für »professionell«, der Politik führt zu fortschreitender Verwischung der Unterschiede zwischen den Parteien. Selbst die Wahlmöglichkeiten innerhalb der Oligarchien werden immer künstlicher. Von *Chancen*gleichheit keine Spur mehr. Als Individuum wird es dem Bürger verunmöglicht, eine politische Identität zu besitzen. Die kann er nur erlangen, wenn er eben auf seine eigene Identität, auf seine *eigenen* Meinungen verzichtet und Mitglied einer Partei, Wähler und getreuer Gefolgsmann einer Gruppe von Parteiführern wird, auf die er unter normalen Umständen nicht den geringsten Einfluß ausüben kann.

Die Heuchelei ist weniger nur ein Laster als vielmehr der erste Defekt und auch der Grund für die Zerbrechlichkeit und Schwäche, die mit den realexistierenden Demokratien eng verbunden ist. Das Ausmaß dieser Heuchelei bemißt nicht nur die Ferne vom Ideal, d.h. den Grad an Demokratie einer bestimmten Ordnung, sondern auch seine Fragilität. Denn je größer der Abstand zwischen den erklärten Werten einer Gesellschaftsordnung und ihrer alltäglichen Praxis ist, umso geringer ist ihre Legitimation in den Augen der Bürger.

Zur anderen Seite hin ergeben sich aus dem konsequent zu Ende gedachten Demokratiekonzept Annäherungen und institutionelle Vorschläge, die auf Demokratie schlechthin zielen, auch wenn es klar ist, daß das niemals erreichbar sein wird. Es erlaubt also, verfassungsrechtliche Vorschläge einzubringen, die *den Bürgern* wachsende Möglichkeiten des Regierens sichern sollen. Wenn man will, kann man das ruhig »Utopie«

nennen. Diese Utopie jedoch kann eine ausgesprochen praktische und realistische Funktion erfüllen.

Die Macht zu teilen, sie zu fragmentieren und allen zugänglich zu machen, die Transparenz des öffentlichen Lebens zu garantieren, die Anerkennung der Tatsachenwahrheit zu betreiben, gleiche Ausgangsbedingungen für alle durch entsprechende Wahlvorschriften hinsichtlich der Kosten und der Formen der Propaganda zu garantieren, jede interessengeleitete Politik zu verhindern zu suchen, das Maß der professionalisierten und unter den Parteien aufgeteilten Politik zu reduzieren zugunsten einer Politik als Parteinahme und zugunsten eines Engagements als *bricolage* mit Hilfe von strengen Vorschriften, die Ämterhäufungen ausschließen und der Erneuerung von Mandaten engere Grenzen ziehen: das alles bringt die idealtypische Demokratie näher. Das kann mittels adäquater institutioneller Reformen verwirklicht werden, die ungewünschte Nebeneffekte der Demokratie ausschalten und damit vermeiden, daß sie wirkungslos und zerbrechlich wird.

Wenn man will, ist das alles so neu nicht. Aber die Demokratie muß auch nicht neu erfunden werden. Es geht darum, sich ihr auch in der Praxis anzunähern. Wenn Heuchelei die Gefahr für die Demokratie darstellt, dann ist *Kohärenz* ihre Tugend.

14.

Tritt die GESCHICHTE auf den Plan, dann verschwinden die Individuen, verstanden im eigentlichen Sinne als Pluralität unwiederholbarer Einzelwesen; als Protagonist bleibt einzig das Menschen*geschlecht* auf der Bühne. Die Konsequenzen aus dieser Verschiebung verdienen Beachtung. Die Geschichte reduziert sich auf Natur, denn hier wie dort werden von nun an die Lebewesen als Spezies konzipiert und nicht die einzelnen Tiere (respektive Menschen) in Betracht gezogen. Geschichte als ein Ensemble von Ereignissen aufzufassen, das Gesetzen, möglicherweise statistischen Regelförmigkeiten unterworfen ist, die genau vorhersehbar wären, bedeutet, am Ereignis gerade das zu mißachten, was spezifisch historisch ist, eben weil es historisch, also spezifisch ist; und so wird es genauso behandelt wie Tatsachen aus der Welt der Physik oder der Biologie (im übrigen ist das fast unvermeidlich). Wenn die Geschichte *Gesetze* hervorbringt und wenn das wörtlich und nicht in irgendeinem abwegigen Sinne metaphorisch gemeint sein soll, dann stellen die einzelnen Ereignisse *exempla*, Illustrationen, der Gesetze dar. Sie müssen untereinander austauschbar sein – genau wie die Reaktionen der Ratten im Laborversuch. Das Milieu der vielgestaltigen menschlichen Aktivitäten muß folglich wie in einem gigantischen Laboratorium betrachtet werden, wo jede Angelegenheit eines empirischen Menschen das Material abgibt, um die Hypothesen mehr oder weniger gut zu untermauern, die die Gesetzmäßigkeiten des historischen Verhaltens der Menschen erklären sollen.

Es wird also folgendes geschehen: Die Revolutionen der Sansculotten und der »Rundköpfe«, der Bolschewiken und der Nelken in Portugal werden in der Rekonstruktion des Historikers durch Rückführung ausschließlich auf ihre gemeinsamen Charakterzüge erklärt werden. Die aber sind so allgemein, daß sie erlauben, alles unter die Kategorie »Revolution« zu subsumieren. Sie werden zu beliebigem Material, dessen einzige Funktion darin bestehen wird, das historische »Gesetz«, das den Ablauf eines oder besser: *des* historischen Prozesses steuert, mehr oder weniger zu belegen. Das öffnet der Manipulation

Tür und Tor: Wenn eine Revolution das »Gesetz« zu widerlegen scheint, dann reicht es, den Kategorienapparat zu verändern, besondere Charakterzüge in den Vordergrund zu schieben, die bisher vernachlässigt wurden, und so wird sich »erweisen«, daß jene Episode nicht eigentlich eine Revolution ist. Entsprechendes geschieht auch mit allen anderen Typen von Ereignissen, beim Untergang der großen Imperien, beim Entstehen der Weltreligionen, bei der Herausbildung der Eliten und beim Entstehen der Kriege. Ganz und gar anders ist offenkundig die Methode des Vergleichs, ausgehend von einem in vollem Bewußtsein formulierten Idealtypus, dem klar erklärte Werte zugrunde liegen und der keinerlei Anspruch darauf erhebt, Gesetzmäßigkeiten zu erklären.

Wird diese deterministische Sichtweise auf die Geschichte angewandt, dann verschwinden die spezifischen und unwiederholbaren Elemente, oder sie werden als irrelevant ausgeklammert, und die »Tatsache« Revolution wird der »Zufälligkeiten« Cromwell und Robespierre, Jefferson und Trotzki, Mao Tsetung und Melo Antunes beraubt. Das gilt im gleichen Maße auch dann, wenn es sich um einen *weichen* Determinismus handelt, wie ihn die zeitgenössische Wissenschaft und die nachpositivistischen Erkenntnistheorien vorschlagen. Es kann also nicht wundernehmen, daß ein solcher Zugang zur Geschichte den Boden für regelrechte Geschichtsphilosophien bereitet, auch wenn er selbst keine solche bildet.

Bereits Hegel sagte: »Die philosophische Betrachtung hat keine andere Absicht, als das Zufällige zu entfernen.«[78] Es handelt sich also darum, »das Wesentliche an der Weltgeschichte [...] zu betrachten mit Übergehung des Unwesent-

---

78 G.W.F. Hegel, *Die Vernunft in der Geschichte*, hrsg. von J. Hoffmeister, Hamburg 1955, S. 29

lichen«[79]. Was dann aber wesentlich und was unwesentlich ist, das wird durch das Universale, das »Weltgesetz«, festgelegt; die empirischen Fakten haben sich anzupassen. Anders verhielte es sich, wenn die Fakten nach einem irreduzibel normativen und erklärtermaßen subjektiven Kriterium ausgewählt würden. »Objektivität« wird bei Max Weber nicht ohne Grund immer in Anführungszeichen gesetzt. Das Bewußtsein von der Rolle des normativen Elements bei der Konstruktion eines Idealtypus erlaubt es, jeder Versuchung zu entgehen, die auf eine Philosophie von der Geschichte abzielt, was umgekehrt für eine Geschichts-*Wissenschaft* (in nichtmetaphorischem Sinne) unabdingbar wäre.

Gibt es die GESCHICHTE, dann verschwindet der Raum für die Politik, für das Handeln und die Entscheidung, die von den Indidviduen im öffentlichen Raum der Stadt vollzogen werden. Ohne freien Willen und ohne Politik verschwindet die Geschichte (kleingeschrieben, als konkrete, als vielgestaltiger Fluß der Ereignisse), denn sie wird von der Natur aufgesogen als einer ihrer Zyklen. Nur ein einziges Gesetz, sei es nun dialektisch oder nicht, kann mit Fug und Recht den einen wie den anderen Prozeß lenken, denn beide sind sie *vital* und nur scheinbar verschieden. Es wird dann keine *Existenzen*, also reale Individuen, mehr geben, sondern die ewigen Gesetze des Seins verstanden als natürlich-historischer oder als historisch-natürlicher Prozeß.

Hannah Arendt geht, wie wir wissen, von vollkommen gegensätzlichen Annahmen aus. Und sie bleibt ihnen treu. Die Angelegenheiten des Menschen sind der Ort des Unvorhergesehenen, der unerwarteten Folgen und der verkehrten Wirkungen. Die Vielfalt der Situationen entzieht sich dem Kalkül und

---

79 Ebd., S. 33

der Vorhersehbarkeit – und deshalb auch der Kontrolle. Dies nicht so sehr aufgrund eines Mangels an Instrumentarien und Techniken der Diagnose (das wären methodologische und erkenntnistheoretische Rückstände, die man in der Zukunft würde aufholen können), sondern wegen des ontologischen *Status* der Ereignisse selbst, die durch das *Handeln* geschaffen wurden. Sie spielen sich in der Kategorie des *Möglichen* ab und übersteigen – zumindest virtuell – immer das bereits Geschehene. Um zu einer Wissenschaft zu gelangen, muß man Regelmäßigkeit und Konstanz der Natur voraussetzen, man muß also, wie Hume sagt, voraussetzen, was unbeweisbar ist. Diese Voraussetzung, die in den Naturwissenschaften durchaus berechtigt ist, ist bezogen auf den Menschen absolut unvernünftig. Es sei denn, man wollte jedes Individuum einfach als Duplikat, als *Exemplum* der Gattung Mensch betrachten. Ihre möglichen Handlungen unterliegen keinem Wiederholungszwang, eben weil sie nur möglich sind.

Jeder Apfel ist der Apfel Newtons; er kann – unter Absehung von Geschmack, Farben sowie der Möglichkeit, dargestellt und zu etwas anderem zu werden (Cézannes Apfel zum Beispiel) – zurückgeführt werden auf körperliche Beschaffenheit, Masse und Beschleunigung. Als physikalischer Körper wiederholt Newtons Apfel das Verhalten jedes anderen Apfels. Etwas Ähnliches kann man von historisch verstandenen menschlichen Verhaltensweisen nicht sagen. Nicht alle Philosophen, die sich im Widerspruch zu Regierung und Gesetzen befinden, wagen eine Neuinterpretation des Todes von Sokrates. Dieses Ereignis ist im Genre Philosophie einzigartig. Ein »Gesetz« des philosophischen Verhaltens gibt es nicht, denn das Verhalten des Menschen, das Handeln dieser höchst spezifischen Form des Lebens ist das *Dasein*, und das bleibt – virtuell – immer

Produktion des *Unerwarteten.* Selbstverständlich kann man das Gegenteil behaupten. Aber dann muß man aus Gründen der Kohärenz auch eine unveränderliche menschliche Natur unterstellen und die Errungenschaft der modernen Philosophie über Bord werfen, die in der Unüberwindlichkeit der Grenze zwischen Normativem und Deskriptivem besteht.

Noch einmal. Die Phänomene der menschlichen Existenz sind keine Syllogismen und auch keine Folgeketten von Ursache und Wirkung, denn sie wiederholen sich niemals wirklich. Und so sind sie selbstverständlich auch keine dialektischen Dreischritte. Zwingt man sie in eines dieser Schemata, dann wird gerade das amputiert, was ihr Spezifikum ausmacht; sie werden auf etwas reduziert, was sie nicht sind, was aber eine aprioristische Doktrin von ihnen behauptet. So verfährt beispielsweise Marx, wenn er den echten Proletarier nur im Lohnarbeiter sieht, der sich korrekt den Richtlinien entsprechend verhält, von denen die Marxsche Philosophie *entschieden hat*, es seien die Merkmale der Klasse.

Mit anderen Worten, das Ereignis ist *Kontingenz.* Das, was auch nicht hätte geschehen können und was aus diesem Grund nur *ist*, sofern es Ereignis ist. Etwas, das sich *zwangsläufig* ereignet, besitzt nicht die Qualität eines Ereignisses. Es macht keine Geschichte. Anders das Ereignis. Aus diesem Grunde ist Duns Scotus einer der Philosophen, die Hannah Arendts Bewunderung auf sich ziehen, denn er definiert die Kontingenz nicht einfach als »etwas nicht Notwendiges oder etwas nicht immer Existierendes, sondern etwas, wovon zu der Zeit, da es eintrat, auch sein Gegenteil hätte eintreten können«[80]. Völlig isoliert polemisiert Duns Scotus mit der Philosophie seiner Zeit und beharrt darauf, daß »die Kontingenz eine positive Seins-

---

80 Hannah Arendt, *Vom Leben des Geistes, Bd. 2: Das Wollen*, München 1979, S. 132

weise [sei], genau wie die Notwendigkeit«[81]. Damit unterstreicht Hannah Arendt, daß die Kontingenz der Ereignisse der Preis ist, will man an der Freiheit festhalten. Und es ist ein Preis, der mit Freude entrichtet wird. Die Endlichkeit zu leugnen bedeutet nicht nur, der Philosophie von der Geschichte (und der Geschichts-Wissenschaft, in dem Sinne, daß Wissenschaft nicht nur eine irreführende Metapher ist) Tür und Tor zu öffnen, sondern auch für jene Formen einer Tyrannis der »Wahrheit«[82], die sowohl in Gestalt der Sozialutopien wie auch in konservativer Form als »Objektivität« des menschlichen Verhaltens auftreten.

Kurz, in der Blockade der Endlichkeit und in der Blockade der Freiheit stecken *gemeinsame* Voraussetzungen, die jeweils aufeinander verweisen und sich wechselseitig bedingen.

15.

Wohlgemerkt, es ist die Rede von Voraussetzungen. Ob das Handeln der Menschen aus Zwangsläufigkeit erfolgt oder für Möglichkeiten offen bleibt, ist letztlich eine Sache der *Entscheidung*, denn es wird streng genommen niemals beweisbar sein. Wir befinden uns hier in einer ähnlichen Lage wie angesichts der Existenz Gottes. (Im übrigen stellt die NOTWENDIGKEIT, verstanden als VERNUNFT, die sich in der endlichen Geschichte verwirklicht, einen echten Gottesersatz dar.) Die Nicht-Existenz Gottes ist nämlich genausowenig beweisbar. Gleiches gilt für die Nicht-Zwangsläufigkeit der Ereignisse in der Welt der Menschen. Dennoch ist plausibel, daß die Beweislast in diesem Dilemma bei denen liegt, die den Beweis für die

81 Ebd., S. 129
82 Arendt, *Wahrheit und Lüge ...*, a.a.O., S. 68

Existenz Gottes oder für die Zwangsläufigkeit führen wollen, und nicht umgekehrt.

Baruch Spinoza behauptet die Scheinhaftigkeit der menschlichen Freiheit und führt dazu das Beispiel vom rollenden Stein an, der, wenn er mit Bewußtsein begabt wäre, notwendig der Täuschung zum Opfer fallen würde, er habe sich selbst aus freiem Willen in Bewegung gesetzt.[83] Hannah Arendt hingegen hält die Ausführungen von Duns Scotus für überzeugender, wonach man die Kontingenz der Ereignisse und die Freiheit des Handelns der Menschen folgendermaßen beweisen könnte: »Alle, die die Kontingenz bestreiten, [sollte man] solange foltern, bis sie zugeben, es sei auch möglich, daß sie *nicht* gefoltert werden.«[84]

Sogar die Lüge, diese ausgesprochen menschliche Charaktereigenschaft, bezeugt die Freiheit der Menschen und die Kontingenz der Ereignisse. »Wäre unser Verhalten wirklich so bedingt, wie manche Verhaltensforscher sich einreden, so würden wir wohl nie imstande sein, dies kleine Mirakel zu vollbringen.«[85] Die Lüge, von der hier die Rede ist, setzt voraus, daß die Ereignisse in dem Moment, da sie sich ereignen, nicht als ausschließlich angesehen werden, sondern auch die Möglichkeit des Gegenteils in Betracht gezogen wird.

Wenn der Wille frei und in der Lage ist, den *Anstoß* für etwas vollkommen Neues zu geben, etwas, das das Vergangene übersteigt und in keiner Weise als Duplikat von etwas schon Dagewesenem angesehen werden kann, dann ist er für Hannah Arendt die entscheidende Fähigkeit des Menschen. Wenn man dem Willen diese Fähigkeit nicht zugesteht, dann verschwindet die Zukunft. Zukunft und Wille bedingen einander. Der Wille

83 Arendt, *Vom Leben des Geistes. Das Wollen*, a.a.O., S. 126
84 Ebd., S. 128
85 Arendt, *Wahrheit und Lüge ...*, a.a.O., S.74

ist das geistige Organ der Zukunft genauso wie das Erinnern das geistige Organ der Vergangenheit ist. Ohne den freien Willen würde das, was wir mit Zukunft meinen, nichts anderes als eine *antizipierte Vergangenheit* sein. Nur auf diese Weise zurechtgeschustert wird er im übrigen Gegenstand der Erkenntnis. Die Zukunft hätte es also schon gegeben, sie hätte sich bereits ereignet, wäre schon erlebt worden. Eine »bekannte« Zukunft ist unabänderlich wie die Vergangenheit, an die man sich erinnern mag, die man aber nicht »wollen« kann.

Vergangenheit und Zukunft können nicht auf eine Ebene gestellt werden, es sei denn um den Preis paradoxaler Konsequenzen. Zu behaupten, die Zukunft sei erkennbar, ist gleichbedeutend mit der Aussage, die Vergangenheit sei dem Willen verfügbar. Diese Vertauschung zwischen Willen und Erinnerung wurde nicht nur in der Vergangenheit behauptet. Auch heute noch wird das von etlichen behauptet. Der Name dieser Vertauschung ist *Gott*. Nur in Gott fallen Vergangenheit und Zukunft zu einer Dimension zusammen, die wir *ewige Gegenwart* nennen – weil wir eine Metapher brauchen. In Wirklichkeit aber ist es *Zeitlosigkeit*, und folglich für den Menschen nicht einmal vorstellbar. Nur in Gott können Wollen und Wissen zusammenfallen; und – nicht zufällig – in jenen Geschichtsphilosophien, die einen Gottesersatz anbieten. Bei Hegel bewußt, bei Marx – und übrigens auch zahlreichen Anti-Marxisten – unbewußt.

Das traditionelle Mißtrauen der Philosophie gegenüber dem Wollen erklärt sich folgerichtig für Hannah Arendt aus der Kraft der unleugbar bestehenden Verknüpfung zwischen Willen und Freiheit.[86] Freiheit und Willen anzunehmen – die beiden Dinge stehen und fallen gemeinsam –, bedeutet also zu-

86 Arendt, *Vom Leben des Geistes. Das Wollen*, a.a.O., S. 29

gleich auch die programmatische Mißachtung jener Surrogate der göttlichen Vorsehung, die unter den Bezeichnungen »objektiv« und »rational« in der Welt der Menschen Platz gegriffen haben. »Dem Wollen kommt anscheinend eine unendlich größere Freiheit zu als dem Denken«, das dennoch der Widersprüchlichkeit nicht entgeht. Und von den Denkern ist »diese Tatsache nie als reiner Segen empfunden worden«[87]. Für das Denken, und nicht allein für dieses, stellt die Gewißheit einer ver»objektivierten«, ebenso stabilen wie bekannten Zukunft nach dem Muster der Vergangenheit eine Beruhigung dar. Denn sie ist vorhersehbar, sie gehorcht Gesetzen, es ist die sich verwirklichende VERNUNFT.

Die Zukunft kann gar nicht anders sein als in dieser oder jener Weise. So verflüchtigt sich das Beunruhigende. Die Zukunft wird zum Resultat eines normativen Willens, der zugleich absolute Wissenschaft ist. Er kommt von Gott, dem Allmächtigen und Allwissenden; er ist Beweis seiner Existenz.

Die Kontingenz verkennen und an Gott festhalten – häufig ist Philosophie nichts anderes als eine Art Religion, manchmal sogar in schlüssigerer Form. Bei Hegel wird das ganz offen als Vorsatz formuliert: »Den Glauben und Gedanken muß man zur Geschichte bringen, daß die Welt des Wollens nicht dem Zufall anheimgegeben ist«, also einem wirklichen menschlichen Willen. Hegel räumt ein, daß in der Weltgeschichte »nicht die Vernunft eines besonderen Subjekts, sondern die göttliche, die absolute Vernunft« am Werk ist.[88] So konstatiert Arendt treffend, »daß die ursprüngliche Abneigung gegen Kontingenz, Partikularität und Willen – und der Vorrang der Notwendigkeit, der Universalität und des Verstandes – dem Angriff bis

87 Ebd.
88 Hegel, a.a.O., S. 29

weit in die Neuzeit hinein standhielt«[89]. Die Philosophie hat die *Endlichkeit* beharrlich *verraten*. Was spezifisch ist, der Wille als Organ der Freiheit und der Zukunft, das hat sie in die alte Ordnung der Dinge aufzulösen und zu reduzieren gesucht. Sie hat die Freiheit als Illusion der Freiheit begriffen, als reine Manifestation des ewigen Seins, als den herabrollenden Stein.

Die Zukunft, und nur sie allein, ist die wirkliche Zeit des endlichen Menschen, denn diese Zeit steht dem Willen und den Möglichkeiten offen. Wenn die Freiheit Schein ist, dann wird auch die Zukunft auf einen Schein reduziert. Und vor allem wird das Endliche zu einem Schein. Wenn es eine wirkliche Zukunft gibt, die nicht bereits irgendwo geschrieben steht, und die keinen historischen, dem Wissen entstammenden Gesetzen zu folgen hat, dann gibt es kein Absolutes. Umgekehrt jedoch setzen besagte Gesetze der Geschichte ein solches Absolutum voraus. Sie verlangen Glauben, und darüber hinaus die Verachtung für das Endliche.

Gibt es GESCHICHTE, dann gibt es keine Zukunft. Und auch kein *Sollen*, also Werte und Normen, die von Menschen aufgestellt werden, die folglich relativ und auch – für den, der vom Standpunkt des Absoluten aus räsoniert – absolut unbegründet sind. Alles ist im Indikativ. Auf dem Königsweg der Religion und der Metaphysik wird es mit Hilfe der Philosophie sogar möglich, das Theodizeeproblem zu beantworten und das Böse zu erlösen. Leiden und Ungerechtigkeit werden als scheinbare Übel zum Verschwinden gebracht. Auch wenn sie wirklich sind, so sind sie Leiden doch nur vom Standpunkt des Individuums aus, vom Standpunkt der Totalität aus stellen sie nichts weiter als Momente der Apotheose dar. Selbst der

89 Arendt, *Vom Leben des Geistes. Das Wollen*, a.a.O., S. 34

Gulag, die Moskauer Prozesse und die Unterdrückung der Arbeiter in Budapest können so zu schlichten Umwegen von der Hauptstraße der Freiheit deklariert werden[90].

Die Bekehrung zu einer Philosophie der »Objektivität«, die die Gewißheit eines gesetzmäßig verlaufenden historischen Prozesses beinhaltet, ist eine Vorbeugungsmaßnahme gegen die Verunsicherung. Denn die Zukunft, und folglich auch der Wille, wird für jedes Individuum einmal ein Ende haben. Der Entwurf wird niemals vollendet werden. Diese Zukunft, die nichts geben kann, birgt unausweichlich eine Enttäuschung. Einmal ganz abgesehen von allen anderen Hindernissen, auf die der Entwurf angesichts seines nur möglichen, aber eben nicht zwangsläufigen Charakters stoßen kann. Daher wird die Zukunft in Form der antizipierten Vergangenheit, also als eine Zeit ohne Zeit, eben Ewigkeit, ausgetrieben. Da der Mensch, selbst wenn er danach strebt, nicht Gott werden kann, realisiert er diesen Wunsch im Denken, in der Fiktion. Er stellt sich auf den Standpunkt Gottes, und der ist derjenige der Totalität.

Die Geschichtsphilosophie, so sahen wir bereits, erlaubt dem Menschen, sich mit dem Bösen zu versöhnen. Aber dafür muß er den Preis zahlen, weder dem Endlichen noch den historischen Ereignissen noch den menschlichen Individuen wirkliche Konsistenz zuzugestehen. Zugleich macht die Geschichtsphilosophie die Geschichte zum obersten und letzten Gericht. Jede Tatsache wird also zu einem unwiderruflichen Urteil. Gewalt und Ungerechtigkeit wird nicht nur ihr historischer Stellenwert als Momente bei der Realisierung des Absoluten zugewiesen, der Erfolg der Operation an sich besteht darin, Rationalität und Gerechtigkeit gegen die kleinmütigen Klagen des endlichen

---

90 Selbst der zu seiner Zeit von der Orthodoxie als Häretiker abgestempelte Jean-Paul Sartre argumentiert gegenüber der Ungarischen Revolution von 1956 genau so. Vgl. J. P. Sartre, *Situations, VII*, Paris 1965.

Verstandes mit seinen moralischen Ansprüchen zum Sieg verholfen zu haben.

Es ist immer der Sieger, der den Weltgeist verkörpert. Hegel sah ihn in Jena in Gestalt von Napoleon Bonaparte und seiner Kavallerie vorbeiziehen. Jede Gewalt und jeder Horror, wenn er nur siegreich ist, erhält die metaphysischen Weihen. Das banale und empirisch kontingente Ereignis, um das es sich in Wahrheit bei jedem Sieg handelt, wird vergöttert[91]. Die Logik des Sieges, die einzige, die die zahllosen vorgeblichen »Realisten« der Politik kennen, ist die am wenigsten laizistische, die jemals erarbeitet wurde.

Wenn wir an der Endlichkeit festhalten, wenn es schließlich der Mensch aus Fleisch und Blut ist, das einzelne Individuum, das Entscheidungen trifft, dann ist der Sieg nur *ein* Sieg, eine schlichte empirische Tatsache. Er wird aber zu einem Kriterium, zu einer als Tatsache ausgegebenen Norm in dem Moment, da es die Totalität ist, die entscheidet, d.h. wenn die Geschichte als Reich der Zwangsläufigkeit und der Gesetzmäßigkeiten aufgefaßt wird und nicht als Reich der Möglichkeiten. Es wird aber immer ein Individuum sein, das den Standpunkt der Totalität einnimmt, das vorgibt, von einer Utopie aus zu sprechen, eben weil es keinen Ort in der Welt findet. Der Philosoph der Objektivität der Geschichte, der wissenschaftlichen Vorhersagen der Zukunft und der Geschichte, in der Gesetze herrschen, nimmt für sich prophetische Kräfte in Anspruch, obwohl er doch auf der anderen Seite genau dies als unwissenschaftlich verwirft. Der Sieg belegt, daß der Sieger nicht nur in jener konkreten Situation der Stärkere war. Das ist nur der empirische Schein. Der Sieg belegt in dieser Optik eben auch,

91 Vgl. zu den Hypothesen der Hegelschen Logik und den Beziehungen zwischen Marx und Hegel: Galvano Della Volpe, *Logica come scienza positiva*, Messina 1956; und vor allem: Lucio Colletti, *Hegel und der Marxismus*, Frankfurt/Main u. Berlin 1976.

daß der Sieger beseelt war vom Geist des Herrn. Im feinen Netz der Kontingenz gilt es, das Absolute, das Gesetz und die WAHRHEIT, die alles zusammenhält, zu entdecken.

16.

Nichts liegt Hannah Arendt ferner als diese Haltung. Als sie am 4. Dezember 1975 überraschend stirbt, da steckt in ihrer Schreibmaschine das erste Blatt einer gerade begonnenen Arbeit. Dort steht nur das Motto, ein Satz von Cato, dem Älteren: *Victrix causa diis placuit, sed victa Catoni*[92]. Es geht darum, eine Entscheidung zu treffen, ob man den Standpunkt des konkreten Menschen einnimmt oder den der Totalität – der doch nichts anderes ist als der persönliche Standpunkt dessen, der gerade spricht, nur daß er als absolut ausgegeben wird. Arendt verwirft die verdoppelte Geschichte, die die objektivistischen Doktrinen des menschlichen Verhaltens (von Hegel bis Lévi-Strauss über die zahllosen, immer noch einflußreichen Denkschulen, seien sie nun eschatologischer oder, wie inzwischen immer häufiger, auch konservativer Ausrichtung) nach sich ziehen: eine Realgeschichte des Seienden, die aufgrund einer Geistesgeschichte zu rekonstruieren wäre.

Von einem radikalen, religiösen Standpunkt aus bedeutet die Erörterung des Realen (also das Aufstellen von Regeln des Sollens) eine Anklage gegen Gott. Und der Anspruch, das Reale ändern zu wollen, bedeutet sogar, Gott zu verurteilen. Die Philosophie macht sich leider viel zu oft den religiösen Standpunkt zu eigen und verwandelt sich damit in Theodizee. »Als die Menschen nicht mehr *loben* konnten, verwendeten sie ihre geistige Hauptenergie auf die *Rechtfertigung* Gottes und

92 Die siegreiche Sache gefällt den Göttern, Cato aber die unterlegene.

seiner Schöpfung in Theodizeen.«[93] Sie wollten sich also mit der Welt, so wie sie ist oder wie sie sich zwangsläufig entwikkelt, aussöhnen, anstatt ein Urteil über sie abzugeben und sie zu verändern.

Ist die Geschichte ein gesetzmäßiger *Prozeß*, dann gibt es keinen Raum für einen *Entwurf*, für eine wirklich reformatorische Praxis. Die Theodizee und die Philosophie im Gewande der Theodizee – und im übrigen jede Doktrin, die eine menschliche Natur unterstellt –, sind grundsätzlich konservativ. Als Philosophiegeschichte verhält sich der Marxismus exakt entgegengesetzt der Maxime aus der elften Feuerbachthese. Auch er begnügt sich damit, die Welt zu beschreiben, eine Veränderung derselben kann er sich in Wirklichkeit überhaupt nicht vornehmen. Was wie eine Veränderung aussieht, der Kommunismus, ist tatsächlich nichts anderes als »die *wirkliche* Bewegung, welche den jetzigen Zustand der Dinge aufhebt«[94]. Die Zukunft ist der Vergangenheit in Form eines historischen Gesetzes bereits eingeschrieben, genau wie die Körpereigenschaften schon in den Chromosomen angelegt sind.

In Wirklichkeit brütet die Geschichte nichts aus. Sie geht mit nichts schwanger, denn sie ist keine *Person*. Kein Geist bewohnt die Geschichte, und keine unausweichliche Tendenz haucht ihr Leben ein. Oft trifft man in ihr vielmehr auf ein überraschendes Übermaß an Möglichkeiten des Verstehens. Und dieses *Überraschende* ist es, was ein Ereignis bedeutungsvoll macht, und zwar dergestalt, daß es die anderen Ereignisse in ein neues Licht rückt und die historische Forschung anstößt, neue Fragen aufzuwerfen. Die historische Forschung

93 Arendt, *Vom Leben des Geistes. Das Wollen*, a.a.O., S. 95

94 Karl Marx / Friedrich Engels, *Die Deutsche Ideologie*, in: Marx-Engels-Werke Bd.3, Berlin 1969, S. 35

geht nämlich in der Tat von der Frage aus: Warum ist es so, wenn es auch anders möglich gewesen wäre?

Die Geschichte ist keine *Person.* Aber genau als diese stellt die Geschichtsphilosphie sie sich vor. Und als solche bringt sie *Vergegenständlichungen* von höheren Gesetzmäßigkeiten hervor. Während die Geschichtsphilosophie den historischen Prozeß hypostasiert, gehen andere philosophische Ansätze analog vor und hypostasieren beispielsweise die Gesellschaft. Sie betrachten sie wie eine Person, wie einen lebendigen, zweckgerichteten Organismus. Auch in diesem Fall wird das Ganze der Erkenntnis zugänglich, denn es ist Gesetzen unterworfen; die konkrete Pluralität der menschlichen Individuen jedoch muß bestritten werden. Auch in diesem Fall wird jedes Individuum zurückgestuft auf den Status eines schlichten Duplikats der Menschheit als Gattung.

Zunächst zielt Hannah Arendt auf die Geschichtsphilosophie, im weiteren versucht sie aber auch, die Ansprüche der Politik»wissenschaft« zu widerlegen. Außerdem widersprechen sich die beiden Doktrinen ganz und gar nicht. Der Organizismus von Comte, Benthams Utilitarismus, der Behaviorismus und der Funktionalismus der zeitgenössischen Soziologie, sie alle bringen Verdinglichungen höherer Gesetzmäßigkeiten hervor. Um die jeweiligen Gesetze zu konstruieren, die das Funktionieren der Gesellschaft regeln, müssen sie das konkrete Individuum ohne wesentliche Differenzen in einer Reihe mit den anderen sehen, eben das Duplikat des Prototypen menschlicher Natur.

Das mathematische Kalkül des »Glücks« und das Individuum, das »rational« entscheidet (nach einem sehr beliebigen Rationalitätskriterium, das sich je nach ökonomischer Doktrin wandelt), ersetzen den Marxschen Klassenkampf und folglich auch Klasseninteresse und -bewußtsein. Aber das Resultat hinsichtlich der konkreten Bestimmung des Individuums als Pluralität bleibt dasselbe. Die Individuen müssen einförmig und indifferent werden, sie werden jeder wirklichen Individualität beraubt. Dabei spielt es keine Rolle, daß viele dieser Doktrinen immerzu vom Individuum sprechen. Es handelt sich nicht um das konkrete Individuum, das durch seine Differenz charakterisiert wird, sondern um eine Abstraktion. Nur so werden Verhaltensweisen untereinander vergleichbar und können dazu benutzt werden, politische und soziale »Gesetzmäßigkeiten« zu formulieren.

Die Behauptung, es gäbe eine »Wissenschaft« von der Politik, kann sich ebenso wie die Geschichtsphilosophie nur auf den Trümmern des Willens durchsetzen, nur dann, wenn man die Möglichkeit der freien Entscheidung verwirft. Die Entscheidungen haben normativen Charakter. Die Behauptung aufzustellen, es gäbe »zwangsläufige« oder »rationale« Ziele, schließt zudem noch die Aushöhlung der ethischen Verantwortung desjenigen ein, der Entscheidungen trifft. Er kann niemals haftbar gemacht werden, denn wer es dabei beläßt, »Gesetzen« der Geschichte, der Gesellschaft oder der Politik zu folgen, der trägt per definitionem keine Verantwortung. Ein »wissenschaftliches« politisches Handeln wäre dem Herstellen vergleichbar. Konsequenterweise müßte es voraussetzen, daß das Material, das nach strengen technischen und objektiv zwingenden Regeln vorbereitet wurde, homogen ist und in jedem Moment jene Eigenschaften aufweist, die die Technik objektivieren und ihren Gebrauch rechtfertigen.

In der Politik sind jedoch die Menschen selbst dieses »Material«. Eine »wissenschaftliche« Politik muß daher über die anderen wie über homogene Sachen *verfügen*. Damit sind wir beim genauen Gegenteil jener Politik, die sich als Zusammenleben und Teilhabe der Macht versteht. Irrational kann man mit gutem Recht ein instrumentelles Verhalten nennen, nicht aber das politische Handeln, so wie es Hannah Arendt versteht: als freie Verständigung zwischen Entwürfen von Individuen im öffentlichen Raum, wo die Macht unter Gleichen geteilt ist.

Hannah Arendt bezeichnet ihre Philosophie nicht als Existentialismus – im übrigen lehnt sie die Bezeichnung Philosophin für sich selbst generell ab.[95] Aber ihr Denken hält konsequent am endlichen Charakter der Existenz fest und entwickelt aus dieser Haltung heraus eine systematische und faszinierende Gegenthese zu allen philosophischen Konstruktionen, die eben als solche, ganz gleich in welcher konkreten Form, Ausschaltung und Mißachtung der endlichen Existenz bedeuten. Diese wird zu einem Prädikat des personifizierten Universalen. Einige von Arendts Entdeckungen mögen überraschend wirken, sie sind aber nichts anderes als die Frucht einer außergewöhnlichen Intelligenz, die gerade darin besteht, für Überraschungen offen zu sein und das anzunehmen, was anderen entgeht.

Pascals Vorschlag, demzufolge »die ganze Aufeinanderfolge von Menschen durch Jahrhunderte hindurch als ein und derselbe Mensch zu betrachten ist, der immerdar lebt und beständig lernt«, ist eine Verdinglichung, auch wenn er natürlich ein Gedanke und keine Wirklichkeit ist.[96] Eine Verdinglichung ist auch Rousseaus Verwandlung der *volontée génerale* in den Willen aller, der *einer* sein muß, denn ein geteilter Wille sei

---

95 »*Esprit*« 19 (Juni 1980)
96 Arendt, *Vom Leben des Geistes. Das Wollen*, a.a.O., S. 145

nicht vorstellbar[97]. Auch Nietzsche produziert eine Verdinglichung. Er stellt die These auf, zur Überwindung des Nihilismus brauche man die Kraft, »die Werte umzuwenden [...], die scheinbare Welt als die einzige zu vergöttlichen und gutzuheißen«[98], kurz, ein großes Ja auszusprechen. Ewige Wiederkunft ist so der Ausdruck für diesen Erlösungs- und Versöhnungsgedanken[99].

Heidegger produziert Verdinglichung, wenn er aus dem Willen ein personifiziertes Konzept macht. Heidegger spricht das ganz offen aus, wenn er bestreitet, »der menschliche Wille sei Ursprung des Willens zum Willen, während doch der Mensch vom Willen zum Willen gewollt ist, ohne das Wesen dieses Wollens zu erfahren«[100]. Oder auch, wenn die Seins*geschichte*, die hinter dem Rücken der handelnden Menschen tätig ist, die menschlichen Schicksale bestimmt und sich dem denkenden Ich unter der Voraussetzung offenbart, dieses überwinde das Wollen und verwirkliche das Seinlassen. Das erinnert unweigerlich an Hegels Weltgeist, merkt Hannah Arendt an[101].

Schließen wir den Bogen. »Das, was in beschränkter, tastender Form in Pascals personifiziertem Begriff der Menschheit aufgetreten war, das begann sich jetzt in unglaublichem Maße auszubreiten. Die Tätigkeiten der Menschen, sei es Denken oder Handeln, machte man alle zu Tätigkeiten personifizierter Begriffe.«[102]

Den Kern dessen haben wir ausgeführt. Zwei Gesichtspunkte stehen einander unversöhnlich gegenüber. Zwei Arten des

---

97 Ebd., S. 146
98 Nietzsche, *Der Wille zur Macht,* Nr. 585A. Zitiert nach Hannah Arendt, ebd., S. 161
99 Ebd., S. 162
100 Ebd., S. 149
101 Ebd., S. 170f.
102 Ebd., S. 148

Philosophierens. Man kann verdinglichte Gesetze aufstellen, oder man kann an der Endlichkeit festhalten. Eine jede Perspektive schließt die andere aus. Das Verbindende zwischen auf den ersten Blick so unterschiedlichen philosophischen Gebäuden wie denen von Hegel und Comte, Marx und Heidegger, Nietzsche und Parsons ist der Verrat an der Existenz, ihre Weigerung, an der Existenz als der Konkretheit festzuhalten, die in keinem Fall übergangen werden darf. Die Geschäfte der Menschen in ihrer Endlichkeit sind die Garantie der Freiheit, und gerade diese werden von all jenen Philosophen für *nichtig* erklärt – und müssen deshalb, auf den verschiedensten Wegen, zum Verschwinden gebracht werden. Angesichts des ewig unabänderlichen Kosmos, angesichts des machtvollen Gangs der Geschichte und angesichts der rationalen Organisation der Gesellschaft und der politischen Funktionen sind sie in der Tat null und nichtig.

Gegenüber dieser in sich uneinheitlichen Tradition lehnt Hannah Arendt es ab, die Existenz zu einem Gegenstand zu reduzieren, also zu einem Vehikel der Entäußerung. Sie lehnt es ab, die Existenz zu einem reinen Prädikat des Ganzen verkommen zu lassen, zur kontingenten Manifestation eines allgemeinen Gesetzes. Sie lehnt es ab, den konkreten Menschen zum Verschwinden zu bringen, damit dieser dem MENSCHEN, der Gattung Mensch, Platz mache. Die Natur der Menschen, die Gattung Mensch, das sind nicht einfach Gedankenkonstrukte. Jeder Begriff von der menschlichen Natur ist in Wirklichkeit normativ: Er drückt ein Ideal aus, selbst wenn er seinen projektiven Charakter mit einer herbeigelogenen Tatsachenrealität bemäntelt. Die Philosophie steht daher vor der Entscheidung zwischen Verdinglichung und Existenz, zwischen Versöhnung und Staunen, zwischen Rechtfertigung und Frage. Sie kann sich also auch für die Politik entscheiden. Die Existenz übersteigt immer und in jedem Fall das Wesen, und der Mensch existiert nur als Mehrzahl und in der Mehrzahl. Er lebt zusammen. Nur in der Politik, in der mit anderen geteilten Macht und im Engagement verwirklicht sich seine Existenz.

Jenö Szücs

Die drei historischen Regionen Europas

Mit einem Vorwort von Fernand Braudel

Jeder kennt die Linie, die Europa in den letzten Jahrzehnten in markante Hälften trennte. Doch wenige wissen, daß diese Grenze entlang Elbe und Leitha bereits seit dem Frühmittelalter eine strukturelle Trennlinie zwischen *Europa occidentalis* und *Europa orientalis* war. Beidseits dieser Linie bildete sich eine Zwischenregion, ein drittes Europa, Mitteleuropa.

Diesem — nicht nur geographischen — Raum gilt das Interesse des ungarischen Historikers Jenö Szücs. Ohne jeden Habsburg-Mythos oder fragwürdige Nostalgie versucht er, die politischen Strukturen dieser Region verständlich zu machen. Sein faszinierend zu lesender, historisch bis ins Frühmittelalter reichender Rückgriff ist methodisch in Anlehnung an die Vertreter der französischen »Annales«-Schule (Jacques Le Goff, Fernand Braudel, Georges Duby) geschrieben. Anknüpfend an die Absolutismus-Theorie von Perry Anderson und an die Imperialismus-Theorie von Immanuel Wallerstein legt Jenö Szücs eine Entwicklungsgeschichte der drei historischen Regionen Europas vor, die — noch bis heute — das moderne Europa prägen.

Szücs' Studie, deren Übersetzung in Frankreich und England große Resonanz fand, trägt mit der Darstellung und Erklärung dieser langfristig in Ostmitteleuropa wirkenden Strukturen gleichzeitig zum Verständnis der aktuellen politischen Zusammenhänge bei, ohne daß dabei je von der historischen Darstellung abgewichen werden müßte.

Verlag Neue Kritik • Kettenhofweg 53 • 6000 Frankfurt/Main

Emmanuel Levinas
Vier Talmud-Lesungen

Levinas' Werk ist von den durch Auschwitz erschütterten Gewißheiten der Moderne geprägt. Der innere Kern seiner Arbeiten besteht in der Suche nach einer Ethik, die nicht den Anderen — oder die äußere Welt — auf das Identische, Selbe reduziert. In der Auslöschung der irreduziblen Differenz des Anderen sieht er die geheime Versuchung der Moderne durch den Totalitarismus, eine Tendenz, die nach Levinas vom deutschen Idealismus bis hin zu Heidegger reicht.

Die auf einem Kongreß jüdischer Intellektueller in Frankreich gehaltenen Lesungen zeugen von Levinas' beharrlichem Versuch, eine gewissermaßen rationale Metaphysik zu formulieren. Levinas ist kein Theologe, aber er nimmt die Frage nach Gott ernst, die Frage nach dem Außen, dem Anderen. Gerade im Umgang mit der rabbinischen Tradition erweist sich die Originalität von Levinas' Denken. Einerseits ist er intim vertraut mit der jüdischen Tradition und bleibt ihr treu, denn der Talmud gehört nach seiner Überzeugung zu einer nie veraltenden Gegenwart. Andererseits zielt sein Denken nicht auf eine Erneuerung der Theologie, sondern auf die Rolle der ethischen Bindung des Einzelnen in der Welt.

In den Vorträgen werden die Themen Schuld und Vergebung, die Frivolität der Philosophie, die Skrupel der Juden vor der Eroberung des Heiligen Landes und das Verhältnis zwischen allgemeiner und individueller Gerechtigkeit behandelt. Dabei erweist sich erneut, daß die Modernität eines Textes nicht von seinem Alter, sondern von den Fragen abhängt, die wir darin zu hören imstande sind.

Verlag Neue Kritik • Kettenhofweg 53 • 6000 Frankfurt/Main

Theresa Wobbe (Hg.)

Nach Osten

Verdeckte Spuren nationalsozialistischer Verbrechen

Die Autorinnen des Bandes richten den Blick nach Osten und befassen sich mit bisher wenig beachteten Aspekten nationalsozialistischer Verbrechen: So untersuchen sie das komplizierte Verhältnis zwischen Ost und West vor 1933; stellen Fragen nach der Gleichheit und Differenz der Geschlechter im Kontext des nationalsozialistischen Rassismus sowie den unterschiedlichen Möglichkeiten des Überlebens für jüdische Männer und Frauen; und sie geben schließlich Auskunft über Frauen als Täterinnen im System der Verfolgung.

Bevor der Osten zum Territorium des Völkermordes wurde, war er für viele Juden der Ort, an dem religiöse und kulturelle Tradition in einem lebensweltlichen Zusammenhang stand. Der Osten war aber auch für einige Juden Ausgangspunkt einer Wanderung nach Westen. Dieses besondere Beziehungsgeflecht zwischen Ost und West, das vom Nationalsozialismus unwiederruflich zerstört wurde, rufen die Autorinnen mit ihrer Untersuchung ins Gedächtnis zurück.

Mit Beiträgen von: **Theresa Wobbe** (Berlin), **Judith Friedlander** (New York), **Barbara Hahn** (Berlin), **Kira Kosnick** (Berlin), **Gisela Bock** (Bielefeld), **Joan Ringelheim** (New York), **Rita Malcher** (Lublin), **Brigitte Scheiger** (Berlin), **Gudrun Schwarz** (Berlin).

Verlag Neue Kritik • Kettenhofweg 53 • 6000 Frankfurt/Main